Timo Heiny
MEIN AFRIKA

EDITION **PANORAMA**

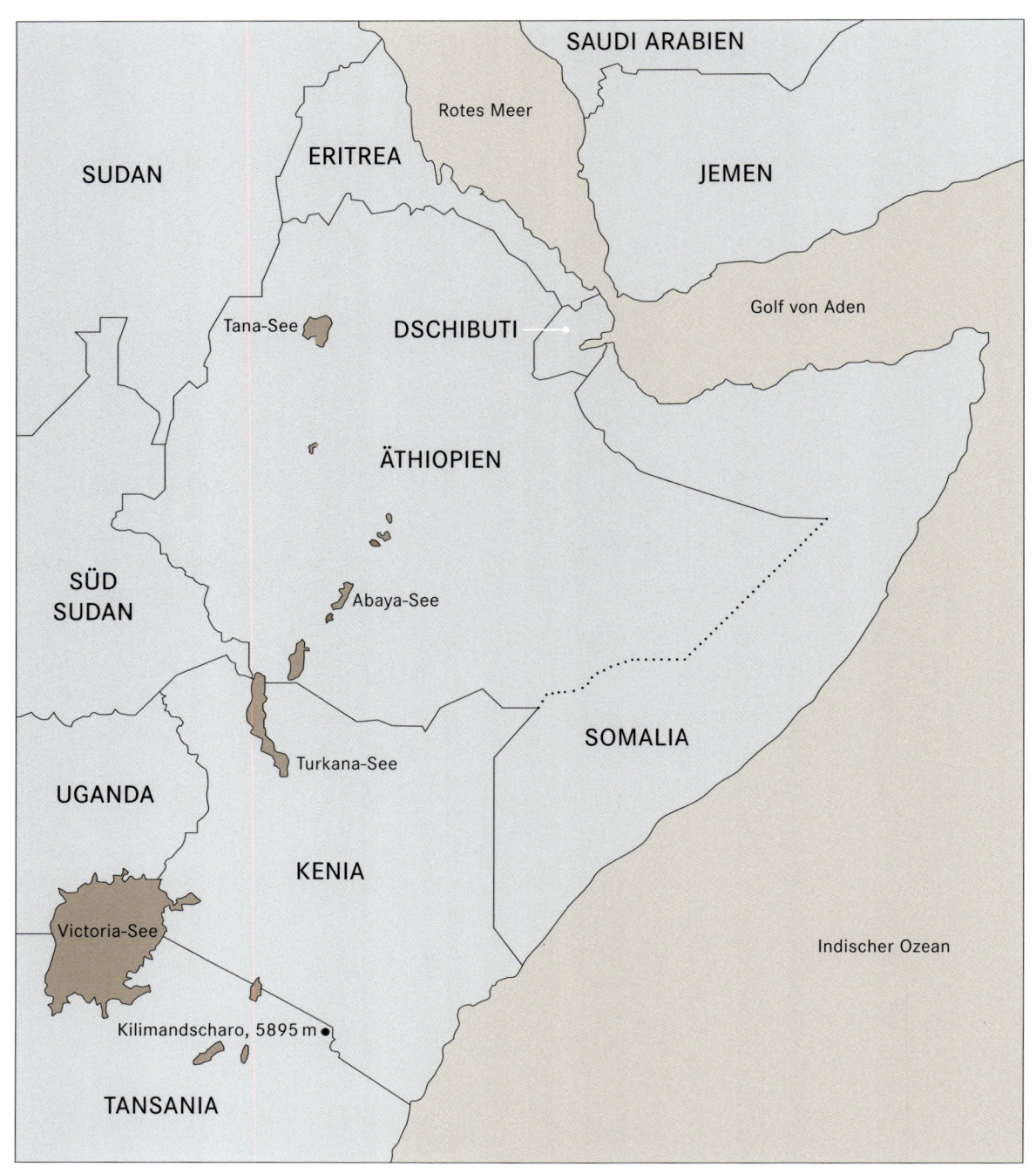

Vorwort von Kuki Gallmann	6
Preface by Kuki Gallmann	8
Mein Afrika von Timo Heiny	19
My Africa by Timo Heiny	24
Die Stämme	212
The Tribes	212
Danke	216
Thank You	216
Biografien	217
Biographies	217

*For thousands and thousands of years
this rich life of Africa has generated and preserved itself.*

I know of no other life which has possessed for so long this seclusion and continuity, this isolation from foreign influence and foreign greed.

It seems to me that Africa gives the most dramatic example of life developing from an invisible point in time right into our own age.

Laurens van der Post, The Dark Eye in Africa

Vorwort

Viele in der Welt haben von Afrika die Vorstellung eines hoffnungslosen Kontinents, der von Armut und Konflikten zerrissen wird, bzw. haben Afrika als Postkartenidyll in Technicolor-Farben mit wilden Tieren im Kopf, die vor einem Hintergrund mit glutrotem Sonnenuntergang in endlosen, vom Menschen unberührten Landschaften umherziehen.

Es gibt noch ein drittes Bild, das schon seit mehr als 100 Jahren die Reisenden wie magisch anzieht. Afrika ist ein Land der Verzauberung, bewohnt von einer unerreichten Vielzahl an Völkern, deren Stolz und Schönheit schon seit Generationen die Imagination und Kreativität vieler Künstler aus anderen Ländern beflügelt. Nur wenigen Fotografen ist es gelungen, die Essenz der Spiritualität dieser freien und stolzen Menschen einzufangen, die ihre Traditionen und Bräuche bis heute nicht vergessen haben. Da gibt es Mirella Ricciardi, Carol Beckwith und Angela Fisher, David Coulson und Carlo Mari, die Silbereffekte in der Fotografie von Nick Brandt und natürlich den legendären Forscher und Pionier der fotografischen Kunst, den verstorbenen Sir Wilfred Thesiger. Wilfred Thesiger, der die letzten Jahre seines Lebens beim Volk der Samburu im Norden Kenias verbrachte, nicht weit von meiner Heimat im Hochland von Laikipia, wohin er häufig kam, eröffnete mir eines Abends, dass er noch nie ein Farbfoto gemacht hätte. Er meinte, Aufnahmen in Schwarz-Weiß würden Portraits eine Art grafischer Definiertheit verleihen, die Präzision einer feinen Tuschezeichnung, eine eindringliche Schärfe, die Farbfotos oft vermissen lassen.

Und jetzt gibt es das Afrika von Timo Heiny. Seine Serien mit Schwarz-Weiß-Portraits zeigen das Geheimnis und die Schönheit der Menschen, die schon seit Generationen mit den großen Herden oder in unversehrten Wäldern leben, die sie bewahrten, weil sie von ihnen abhängig waren, bevor die hässliche Flut der dem Konsumismus entlehnten Werte, Gier und Korruption alles zerstörte. Für uns, die wir noch ein Afrika gekannt haben, in dem es eine jetzt verlorene Unschuld gab, wecken Bilder wie diese Emotionen, Erinnerungen und nostalgisches Sehnen nach einer Welt, die am Rande des tatsächlichen Verschwindens steht.

Es sagt eine Menge über Timo aus, dass es ihm gelang, das Vertrauen seiner Zielpersonen zu gewinnen, denn für das Gelingen eines Portraits ist diese Kooperation wesentlich. Timo Heiny, der aus einer Künstlerfamilie stammt, besuchte Ol Ari Nyiro vor Jahren, und als ich ihn kennenlernte, war mir klar, dass er dem Zauber dieses Kontinents vollkommen erlegen war. Sein Buch ist das Ergebnis ausgedehnter Reisen, die er seither unternommen hat, der Begegnung mit Menschen unterwegs, und der Emotionen, die er einem inneren Antrieb folgend in seinen faszinierenden Portraits festzuhalten suchte.

Herzlich Willkommen, Timo, in der Welt all jener, die Afrika für immer in ihrem Herzen tragen und diesem Kontinent ihr Leben widmen. Dies ist ein ganz erstaunliches Buch und Timo Heiny ein wunderbarer Archivar einer gefährdeten Welt.

Kuki Gallmann, Juni 2015

Preface

The rest of the world has the cliché of a desperate Africa, riddled by poverty and conflicts and of a postcard technicolour Africa with happy wild animals roaming against a backdrop of red sunsets and endless landscapes untarnished by humans.

There is a third one, that has attracted travelers since over one hundred years Africa is a land of magic, inhabited by an unparalleled variety of people, whose pride and beauty have stimulated for generations the imagination and creativity of artists coming from other lands. There are rare photographers who managed to really capture the essence of the spirit of these free proud humans, who still have not forgotten their traditions and customs. There is Mirella Ricciardi, Carol Beckwith and Angela Fisher, David Coulson and Carlo Mari, the silver effects of Nick Brandt photography and of course of the legendary explorer and pioneer photographer, the late Sir Wilfred Thesiger. Wilfred Thesiger, who spent the last years of his life with the Samburu people of northern Kenya, not far from my home on the Laikipia Highlands, where he often came, told me one evening that he had never taken a colour photograph. Black and white lend portraits a graphic definition, he said, the precision of a fine ink drawing, an eery poignancy that colour photos often lack.

Now there is Timo Heiny's Africa. His series of black and white portraits evoke the mystery and beauty of the peoples who managed to live for generations alongside the great herds, in the intact forests that they protected because they depended on them, before the ugly tide of consumism's borrowed values, greed and corruption destroyed it all. For us who have known an Africa where there still was a now lost innocence, images such as these evoke emotions, memories, and nostalgia of a world on the brink of really vanishing.

It says a lot about Timo that he managed to gain the trust of his subjects, as for a portrait to succeed this cooperation is vital. Timo Heiny – who comes from a family of artists – visited Ol Ari Nyiro years ago and it was clear to me when I met him, that he had totally fallen under the spell of this continent.

His book is the result of his extensive travels since, of the people he met and the emotions he felt the urge to record in stunning portraits. Welcome, Timo, to the world of the ones who carry Africa in their heart for ever, and have dedicated their life to her. This is a stunning book, and Timo Heiny a new bewitched witness of an endangered world.

Kuki Gallmann, June 2015

> Mursi, Äthiopien/Ethiopia

Turkana, Kenia/Kenya

Dorf der Orma/Village of the Orma, Kenia/Kenya

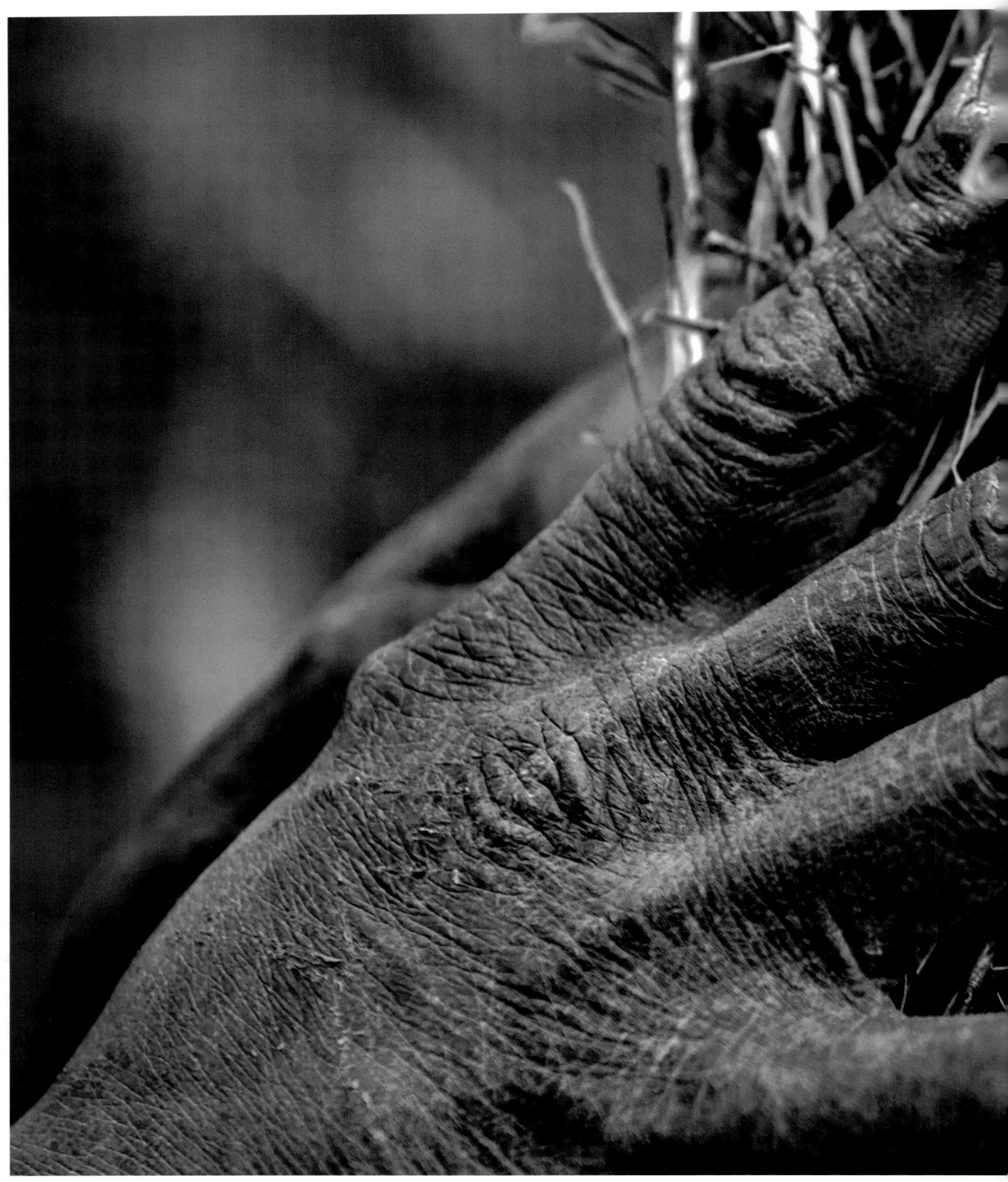

Pokot, Kenia/Kenya

MEIN AFRIKA

Das Bild, das man sich von Ostafrika, seinen Menschen und seiner Natur macht, schwankt häufig zwischen idealisierender Romantik und der Vorstellung von einem rauen, geheimnisvollen Ort, der unzivilisiert und gefährlich ist. Vielleicht darf man nicht nur in Gegensätzen denken, denn so wie ich Äthiopien und Kenia erlebt habe, finden sich beide Extreme: spannende Kulturen, opalfarbene Morgenstunden, goldene Sonnenuntergänge, endlose Steppen und Savannen, eine faszinierende archaische Flora und Fauna. Dennoch darf man nicht vergessen, dass Ostafrika auch ein teilweise unberührtes Land mit einer unbarmherzigen endlosen Wildnis ist – und Wildnis bedeutet auch jagen und gejagt zu werden, der Tod ist in diesem Land allgegenwärtig. Die Region ist Heimat eines artenreichen Wildtierbestandes, wer hier unvorsichtig handelt, spielt mit seinem Leben. Auch manche Gebiete im Süden Äthiopiens und Norden Kenias, wo viele der indigenen Stämme Ostafrikas beheimatet sind, können für einen unerfahrenen Reisenden gefährlich werden. Die Kriegsgebiete des Südsudan sind nur wenige Kilometer entfernt und das tragen von Waffen bei den männlichen Stammesmitgliedern ist allgegenwärtig. Oftmals sind die Bewohner mancher Regionen auch fremden Besuchern zunächst nicht unbedingt freundlich gesinnt, so haben die Mursi, ein Volksstamm aus dem Omo-Tal, den Ruf, eher unfreundlich, bisweilen sogar aggressiv zu sein – sie leben nach anderen Gesetzen und Moralvorstellungen als jene der meisten Besucher. Bei meiner Reise in diese Region des südlichen Äthiopiens musste ich meinen einheimischen Fahrer mehrmals überreden, mich in ihre Dörfer zu fahren. Erst als wir zwei bewaffnete Ranger für unsere Fahrt engagierten, fühlte er sich sicher genug, um die Weiterfahrt anzutreten.

Als Besucher, der einem völlig anderen kulturellen Hintergrund entstammt, ist es nicht immer einfach, Kontakt zu den Stämmen zu bekommen. Ich wählte nie den Weg einer jener organisierten Safaris , die den Touristen aus einem Jeep heraus mit sicherem Abstand und behaglichem Schaudern das vermeintlich authentische Afrika beobachten lässt, die ihn zu den Stämmen führt, damit für ein paar äthiopische Birr exotische Fotos gemacht werden können. Andererseits glaube ich auch nicht, jederzeit Zugang zu den verschiedenen Kulturen zu erhalten, wenn nur die Bezahlung stimmt. Das tägliche Leben in einer Dorfgemeinschaft wird durch das Wissen mythologischer Überlieferung bestimmt. Die ältesten Vertreter einer Sippe, die mit einer umfassenden Kenntnis der Mythen und Riten vertraut, zudem noch in der Jagd und der Kriegsführung erfolgreich und erfahren sind, genießen innerhalb der Gemeinschaft größten Respekt; nur aufgrund dieser persönlichen Eigenschaften werden Männer zu Anführern. Wenn man ihre Gunst erhält, ermöglicht das einen flüchtigen Blick in eine uns fremde Welt. Was ich gefunden habe, war ein Teil Afrikas von wildem Charakter. Unter „wild" verstehe ich allerdings nicht „unzivilisiert", wie es häufig aus eurozentristischer Sicht verstanden wird, sondern „ursprünglich". Vielleicht ist es diese mystische Idee des Ursprungs, des Ursprungs der Menschheit oder auch einer ursprünglichen Natur, einer ursprünglichen Beziehung zwischen Mensch und Natur, die ich immer anziehend fand und immer wieder erneut suchte. Fotografie hat dabei für mich nicht nur dokumentarischen Charakter, denn ich möchte mit meinen Bilder mehr zeigen als die so oft fotografierten Lippenteller der Frauen, die Skarifikationen, die Bemalungen oder die für uns so fremd wirkenden und oftmals auch gewaltvollen Rituale. Ich möchte die Seite einer Region zeigen, die sich zwar im Wandel befindet, gleichzeitig aber so viele Traditionen beheimatet, deren Natur in vielen Teilen rauh, nahezu magisch ist und dem aufgeschlossenen Geist eine unvergleichliche Erfahrung bereitstellt. In Afrika habe ich gelernt, Dinge zu akzeptieren, die wir in Europa allenfalls als Scharlatanerie oder mystischen Aberglauben in die Schublade des Unerklärlichen ablegen würden. Meine anfänglichen Besuche in den Dörfern waren für mich voller Rätsel, auch spürte ich eine befremdliche Unsicherheit. Doch die Sehnsucht nach dem „alten Afrika", die Neugierde auf die verschiedenen Stämme und deren Lebensweise, die in den noch entlegenen Gebieten ansässig sind, wuchs im Laufe der Jahre und führte mich immer tiefer in die Lebensräume der letzten Nomaden. Entlang der kenianischen Küste zu den Stämmen der Orma im Tana-Flussdelta, von Lamu Richtung somalischer Grenze nach Pate Island, bis hoch in den Norden zu den Samburu und Pokot in Laikipia und den Stämmen der Rendille und El Molo am Turkana-See. Von Addis Abeba führte mich mein Weg 3000 Kilometer in das südliche Äthiopien nahe an die sudanesische Grenze zu den Stämmen der Mursi, Karo, Dassanech und Hamar.

In Deutschland aufgewachsen, empfand ich Ostafrika, das ich erstmals vor 26 Jahren besuchte, immer als befreiend. Je tiefer man in diese vom Tourismus größtenteils noch verschonte Welt eindringt, desto mehr begibt man sich auf eine Entdeckungsreise in ein Reich der lebendigen Götter und Ahnen, in der Mystik und Magie das tägliche Leben bestimmen. Meine erste Reise in Afrika begann in Kenia im Tsavo-Gebiet. „Nyika", das bedeutet auf Suaheli „trockenes ödes Buschland". Es ist lebensfeindlich, und außer Dornbüschen und Akazien ist die Vegetation in dieser Region eher spärlich, nur beherrscht vom endlosen Wechsel der Jahreszeiten. Hier unternahm ich lange Wanderungen mit den Wildhütern durch eine Landschaft, in der die Zeit vor Jahrmillionen stehen geblieben zu sein scheint. Wir folgten den Spuren der Spitzmaul-Nashörner entlang des Yatta-Plateau, ein versteinerter Lavafluss, der ein gigantisches Tal bildet. In diesem Tal verläuft die lebensspendende Wasserader des Galana-Flusses, dessen Ufer gesäumt ist von Galeriewäldern aus Doumpalmen und Mimosenbäumen. Hier liegen üppiges Leben und Tod nah beieinander. Die meiste Zeit des Jahres herrscht hier die erbarmungslose afrikanische Sonne und trocknet das ganze Land aus. Einer der ersten Afrika-Forscher, Joseph Thomson, beschreibt das Tsavo-Gebiet als scheußlichen Ort mit Dornbüschen, fast gänzlich ohne sanft schwingende Blätter. Doch tatsächlich vollbringt der Regen hier in jedem Jahr wahre Wunder. Wenn nach einer langen Dürre die Regenzeit einsetzt, wird aus einer öden Dornbusch-Savanne ein üppiges Paradies. Der lebensspendende Regen kommt und die durstige Erde saugt die lang erwartete Feuchtigkeit auf. Als befände man sich in einem Land lange vor unserer Zeit, als der Planet noch in der Entstehung war und der Kampf der Elemente die Evolution beeinflusste, bricht die verkrustete Erde auf und in wenigen Tagen erstreckt sich ein erlesener Garten voll exotischer Blüten und endlosen Grüntönen bis zum Horizont.

Über ein Jahrhundert ist es nun her, dass Europäer zum ersten Mal diese Region auf Expeditionen zu erkunden versuchten. Auf Kisuaheli, der Sprache der Menschen in Ostafrika, nennt man eine solche Reise „Safari". Es waren vornehmlich Europäer, britische Forscher und Abenteurer, die das ganze 19. Jahrhundert hindurch nach Afrika strömten, um dem „dunklen Kontinent" die letzten Geheimnisse zu entlocken. Die überlieferten Fotografien aus jener Zeit beschwören ein aufregendes Leben in exotischer Umgebung und die naiv dargestellte Ursprünglichkeit der Stammeskulturen wurde zu jener Zeit ein beliebtes Thema in Kunst und Literatur. Doch dieses „Entdecken" des afrikanischen Kontinents hatte auch seine Schattenseiten. Vorwiegend durch die Europäer führte die Ausbreitung des Kolonialismus ab Mitte des 19. Jahrhunderts zu einem grundlegenden Strukturwandel politischer und wirtschaftlicher Systeme mit tief greifenden Auswirkungen auf bestehende Sozialstrukturen. Vor allem Missionare, Forscher und Händler trieben die Kolonialisierung voran. Doch nicht nur die Europäer, auch arabische Geschäftsleute, ausgehend von Sansibar, erkannten das wirtschaftliche Potenzial und hatten schon lange vorher Handelsniederlassungen innerhalb Ostafrikas errichtet, hauptsächlich für den Sklaven- und Elfenbeinhandel.

Nach Jahrzehnten andauernden tiefgreifenden Einwirkens in diese alten Systeme ist es erstaunlich, dass sich bis heute noch einige Volksgruppen ihre Traditionen bewahrt haben. Um ein angemessenes Bild von dieser Region zu erhalten, die ebenso wie die meisten dieser Erde vom stetigen Wandel betroffen ist, muss man berücksichtigen, dass der Kolonialismus tiefe Spuren hinterlassen hat. Viele ehemalige Gebiete, in denen Stämme Territorien abgesteckt hatten, wurden einfach in Farmland umgewandelt, Städte und Industrie entstanden und heute hat die Region vielerorts unter Monokulturen, Ausbeutung der Bodenschätze oder Staudammprojekten zu leiden. Viele Stämme werden gewaltsam enteignet oder umgesiedelt. Verkehrsinfrastruktur entsteht, moderne Technik erhält zunehmend Einzug – kurz: Die Industrialisierung dringt immer massiver in die entlegenen Lebensräume der letzten Nomaden ein. Die unstillbare Gier nach Öl, anderen Bodenschätzen und landwirtschaftlichen Ressourcen lässt diese alten Kulturen bald im Strudel der Entwicklungen verschwinden. Doch auch das stetige Bevölkerungswachstum in Afrika wird in naher Zukunft immer größere Probleme mit sich bringen. Das Halten von Rindern, Ziegen und Schafen ist seit je her die Lebensgrundlage der ansässigen Nomaden-Völker. Nimmt die Zahl der Stammesmitglieder zu, führt das auch zu einem massiven Anwachsen der Viehherden. Das empfindliche Gleichgewicht der sensiblen Naturlandschaft wird durch Überweidung der zu großen Viehbestände zerstört. Nicht selten erhöhen die Hirten in den geschädigter Trockengebieten ihre Ziegenbestände, da diese Tiere sehr genügsam sind. Doch Ziegen weiden die Grasnarbe sehr tief ab, was zu einer noch schnelleren Versteppung der Gebiete führt. Starke Erosionen sind die Folge.

Seit vielen Jahren durfte ich Gast bei den Samburu, den Turkana, den Rendille, den Pokot, den Mursi, den Dassanech, den Karo, den Hamar, den Orma und vielen anderen Stämmen im Ostafrikanischen Graben sein. Ich bin fasziniert vom Stolz und der Gastfreundschaft dieser Menschen. Auf meinen „Safaris" habe ich wundervolle Momente des Glücks, atemberaubende Landschaften und unglaublich spannende fremde Lebensweisen erleben dürfen. Wer als Reisender diesen Kulturen näherkommen möchte, braucht aber vor allem eines: Zeit. Es wird nicht ausreichen, den Stammesältesten Geld anzubieten und ein Foto zu machen. Ich habe immer das Gespräch gesucht, von meinem Leben erzählt, andere erzählen lassen, zugehört, Verhandlungen geführt (um Fotos machen zu dürfen), oftmals auch gemerkt, dass Verhandlungen ein gewünschtes Ritual waren. Berührungsängste darf man nicht haben, denn die meisten der von mir besuchten Stämme kannten zwischenmenschliche Zurückhaltung wie in unserer Kultur nicht – in körperlicher wie in kommunikativer Hinsicht. Man muss dabei berücksichtigen, dass in den meisten Gesellschaften dieser Region das gesprochene Wort, die Erzählung, Verhandlungen und Beratungen ein wesentlicher Bestandteil der Gemeinschaft sind. Mir ist klar, dass ich für diese Menschen immer ein Außenseiter sein, dass ich als Fragender nur begrenzt eingebunden werde, doch mein Respekt ihnen gegenüber wurde immer erwidert, ein Beispiel unter vieler ist der Name, den mir die Samburu gaben: „L Thumogi", das bedeutet „Der aus einem fremden Land kam und zum Freund wurde".

Viele dieser Völker führen unter den enormen Anforderungen der Wildnis ein entbehrungsreiches und hartes Leben, ihre Haltung zu Tier und Natur ist daher nicht nur ein respektvolles, sondern auch magisch-religiöses Verhältnis. Obwohl durchaus Konsumgüter der modernen Welt auch hier Einzug halten, sind weltanschauliche Unterschiede zum Teil enorm. Als ich während einer meiner Reisen von einem alten Mann in Nairobi auf meine Herkunft angesprochen wurde, erwiderte dieser „Ah, ihr seid das Volk, das für seine Autos Häuser baut". Andere Begegnungen waren anfänglich schwierig, wie jene mit der Anführerin einer Karawane der Turkana, die mich mit wütender Entschlossenheit verfolgte und in panische Angst versetzte, um nach einigen gerannten Metern plötzlich mit mir zusammen in schallendes Gelächter über diese Szene auszubrechen. Es gibt auch noch Stämme, die moderne Technik nicht kennen, kaum Kontakt zur Außenwelt haben, deren Dörfer nur unter beschwerlichen Reisen zu erreichen sind – ein Beispiel dafür sind die Orma, eine Volksgruppe, die vor ungefähr 150 Jahren aus den weiten südlichen Ausläufern des Äthiopischen Hochlandes in die kenianische Küstenprovinz des Tana River District auswanderte. Immer wieder wurden sie im Laufe der Vergangenheit von bewaffneten Somalis bedrängt. Zudem verloren sie in den 70er Jahren durch eine große Dürre fast den gesamten Viehbestand. Die Orma sind von Touristen weitgehend unberührt und es war nicht ganz einfach, in ihre Dörfer zu gelangen. Von Lamu aus flogen wir mit einer einmotorigen Maschine die Küste entlang zur Mündung des Tana-Flusses in den Indischen Ozean. Als der Fluss an einer Biegung in eine leichte Sandbank überging, landeten wir und machten noch einen Fußmarsch durch unwegsames Gelände, bis wir letztendlich eine weite Ebene erreichten, wo in der Ferne die ersten bienenwabenförmigen Hütten zu erkennen waren.

Anders als in anderen Dörfern, die ich in Afrika besuchte, gab es hier keine fröhliche Kinderschar, die neugierig die Fremden begrüßte. Die erste Begegnung war ernüchternd, eine befremdliche Stimmung empfing uns, misstrauisch, fast ängstlich verschwanden die Bewohner in ihren Hütten. Es war keine Aggression zu spüren, aber die Dorfgemeinschaft signalisierte eindeutig, dass sie keinen Kontakt wünschte. Es war bereits Nachmittag und die Sonne sank allmählich am Horizont, die Ebene tauchte in ein lila violettes Licht. Langsam traten einige Gestalten aus der Dunkelheit ihrer Behausungen. Die Frauen begannen damit, den Dung der Ziegen aus den Nachtpferchen zu sammeln und rund um das Dorf aufzuhäufen. Wenn eine bestimmt Menge aufgeschichtet war, wurden diese Haufen entzündet. Der seichte Wind, der von der Küste heraufwehte, fachte die schwelenden Dunghäufchen an und hüllte die Dorfanlage in einen beizenden Schleier aus Rauch. Diese Prozedur findet jeden Abend statt, um die Myriaden von Moskitos aus dem Flussdelta zu vertreiben. Nun kamen auch die Kinder hervor, sie waren die ersten, die sich uns näherten. In kleinen Gruppen beäugten sie uns erst aus sicherer Entfernung. Die Kamera und das ganze Equipment übte eine große Faszination auf sie aus. Als ich den ersten Schnappschuss von einem kleinen Mädchen machte und ihnen auf dem Display das Ergebnis zeigte, tauten sie auf und das Eis war gebrochen. Die große Freude und die natürliche Unbefangenheit der Kinder rief nun auch die ältere Dorfgemeinschaft auf den Platz. Einige Monate später kehrte ich nach Afrika zurück und machte mich auf den Weg, erneut die Ormas zu besuchen. Im Gepäck das Bildmaterial unserer letzten Begegnung als Geschenk. Bevor wir an der Küste landeten, bat ich den Piloten, doch einmal ins Landesinnere zu fliegen, um die Dörfer aus der Luft zu betrachten. Uns erwartete ein Anblick, der die andere Seite Afrikas zeigte: niedergebrannte Hütten, verlassene Dörfer. Wie wir anschließend erfuhren, haben somalische Shiftas die Region seit längerem unsicher gemacht, es kam zu gewalttätigen Übergriffen. Viele Ormas wurden ermordet, andere vertrieben. Was aus dem kleinen Orma-Mädchen wurde, werde ich nie erfahren.

Der Massentourismus dringt schon seit einigen Jahren in die entlegensten Winkel des afrikanischen Kontinentes vor und öffnet Türen, so dass auch die letzten Nomadenstämme bald von einer importierten Zivilisation beeinflusst werden. Die junge Generation hat oftmals schon längst die Elemente einer modernen Gesellschaft wie Handys oder Kleidung adaptiert. Andererseits aber kommen viele Menschen, auch in den größeren Städten, einem tiefen Wunsch nach, ihre Tradition zu pflegen – vielleicht auch, um sich kulturell in Zeiten des massiven Wandels zu behaupten und eine Identität zu bewahren. Viele Stämme betreiben nicht selten Folklore für zahlende Touristen, die in einem flüchtigen Moment in die Vergangenheit dieser kulturell so fernen Welt eindringen, um anschließend wieder sicher in ihre Enklaven zurückzukehren. Doch trotz dieses Einflusses, konnte ich noch einige Stämme besuchen, die in ihren Gebräuchen, ihren Traditionen und in ihrer Tracht nichts Fremdes übernommen haben, was mir ermöglichte, eine schwindende Kultur fotografisch festzuhalten. So gehen viele junge Maasai und Samburu, aufgewachsen in ihren abgeschiedenen Dörfern, auf Schulen und Universitäten, können gleichzeitig aber auch bei Ihren Stämmen in traditioneller Kleidung gesehen werden, wenn sie an Initiationsriten oder anderen Festen teilnehmen. Meine Bilder sollen daher keine vermeintliche Authentizität widerspiegeln, sondern einen Teil ostafrikanischer Kultur zeigen, die durch massive geopolitische Interessen gefährdet ist. Wir alle wissen um die kulturelle und historische Bedeutung der Region, der „Wiege der Menschheit", doch selbst ein UNESCO-Zertifikat kann sie nicht davor schützen, ihr Gesicht verändern zu müssen. Das kann man als tragisch oder auch gleichmütig als unabwendbaren Wandel der Dinge bezeichnen – Fakt ist, dass diese Bilder etwas dokumentieren, das es vielleicht in dieser Form nicht mehr lange geben wird. Daher versuche ich, auf Bildern festzuhalten, was ich während meiner Reisen intuitiv verspürt habe: eine gewisse Ursprünglichkeit. Ich will nicht dokumentarisch ablichten, ich versuche die Menschen, umgeben von ihrem natürlichen Lebensraum, stolz und würdevoll und in ihrer ganzen erd'gen Schönheit zu zeigen. Meine Bilder sollen meine Faszination für eine Region ausdrücken, die mir so gegensätzlich zu unserem Leben erscheint und doch ein Teil unserer eigenen Vergangenheit widerspiegelt.

Timo Heiny

MY AFRIKA

The image people have of East Africa, its people and its natural environment often alternates between romanticism and the concept of a rough, mysterious and uncivilized place fraught with danger. Perhaps it is not a question of either/or, because I've experienced both of these extremes in Ethiopia und Kenya: intriguing cultures, opalescent mornings, golden sunsets, endless steppes and savannahs, a fascinating and archaic flora and fauna. Yet we must remember that parts of East Africa are also untouched lands of endless and unforgiving wilderness – and wilderness means hunting and being hunted; death is everywhere in this country. The region is home to a rich variety of wildlife species. People who act carelessly here put their lives at risk. Some areas of Southern Ethiopia and Northern Kenya, where many of East Africa's indigenous tribes live, can be dangerous for inexperienced travellers. The war zones of South Sudan are just a few kilometres away, and the armed male members of these tribes are everywhere. The inhabitants of some regions may not always be friendly to foreign visitors. For example, the Mursi, a tribe from the Omo River Valley, have the reputation of being rather unfriendly, and at times aggressive. They live according to other laws and concepts of morality than those of most visitors. During my visit to this region of Southern Ethiopia, I had to repeatedly persuade my local driver to take me into their villages. Only after we hired two armed rangers did he feel safe enough to continue the journey.

As a visitor with a completely different cultural background it is not always easy to make contact with the tribes. I never took the path of a organised Safari, which allows tourists to observe the so-called genuine Africa, experience a thrill at a safe distance from a Jeep, and take a few exotic photos in exchange for a few Ethiopian birr. I also do not believe you can gain access to the different cultures simply by offering the right price. Daily life in a village community is determined by knowledge of mythological tradition. The eldest members of a clan who have broad knowledge of the myths and rites and are successful and experienced warriors enjoy great respect within the community. Only on the basis of these personal characteristics do the men become leaders. Winning their favour gives us a look into a world that is unknown to us. I do not define "wild" as "uncivilised," as it is often understood from a Eurocentric perspective, but as "original." Perhaps it is this mystical idea of origin, the origin of humanity, or even the idea of original nature, an original relationship between man and nature, which I have always found so appealing and have sought again and again. As I do this, photography is more to me than just a means of documentation. I would like my pictures to show more than just the repeatedly photographed lip plates of the women, the scarification marks, the paint, or the often violent rituals that are so strange to us. I want to show a region that is indeed changing but at the same time home to so many traditions, which are crude and almost magical in many parts, and provide the open-minded spirit an unparalleled experience. In Africa, I have learned to accept things that we in Europe would dismiss as inscrutable charlatanism or mystical superstition. My initial visits to the villages were full of mystery for me, and I felt a strange uncertainty. But my longing for „old Africa" and my curiosity about the various tribes and their way of life in the more remote areas grew over the years and led me deeper and deeper into the habitats of the last nomads. I travelled along the Kenyan coast to the tribes of the ORMA at the Tana River Delta, from Lamu to Pate Island in the direction of the Somali border, and way up North to the Samburu and Pokot in Laikipia, and the Rendille and El Molo tribes at Lake Turkana. From Addis Abeba, my journey took me 3000 kilometres to Southern Ethiopia, close to the Sudanese border and the Mursi, Karo, Dassanech and Hamar tribes.

Having grown up in Germany, I always found East Africa, which I visited for the first time 26 years ago, to be liberating. The deeper you penetrate this world still largely free of tourism the more you embark on a journey of discovery into a realm of the living gods and ancestors, into the mysticism and magic that dominate daily life. My first trip to Africa began in the Tsavo region of Kenya. „Nyika" is a Swahili word that means dry barren scrubland. This area is hostile to life, and apart from thorn bushes and acacia, the vegetation is rather sparse, and the region is governed only by the endless change of seasons.

Here, I took long hikes with the game wardens through a landscape in which time seems to have stood still millions of years ago. We followed the trail of the black rhino along the Yatta Plateau, a petrified lava river that forms a gigantic valley. Through this valley runs the life-giving water vein of the Galana River, whose banks are lined by gallery forests of doum palms and mimosa trees. Life and death are abundant here. For most of the year, the merciless African sun rules here and the land is completely parched. One of the first Africa explorers, Joseph Thomson, described the Tsavo region as a hideous place with thorny plants and almost entirely without gently fluttering foliage. In reality, the rains here work some real wonders. When the rainy season starts after a long drought, a lush paradise emerges from a desolate savannah of thorn bushes. The life-giving rain comes and the parched earth soaks up the long-awaited moisture. It is like being in a land that existed long before our time when the planet was still forming and the forces of nature drove its evolution, breaking up the encrusted earth, and in a few days an exquisite garden full of exotic blossoms and infinite shades of green stretch across the land all the way to the horizon.

It has been over a century since European expeditions first arrived to explore this region. In Swahili, the language of the people of East Africa, this kind of expedition was called a „safari." It was mainly Europeans, many of them British explorers and adventurers, who poured into Africa throughout the 19th century to unlock the last secrets of the „Dark Continent." The surviving photographs from that time imply an exciting life in exotic surroundings, and the ingenuously depicted primitiveness of tribal cultures was a popular theme in art and literature at the time. Indeed, this "discovery" of the African continent had its dark side. The spread of colonialism starting in the mid-19th century, mainly by Europeans, led to a fundamental change in the political and economic systems, with a profound impact on existing social structures. Missionaries, researchers and traders were the primary drivers of colonisation. But it was not just the Europeans. Arabian businessmen from Zanzibar had recognised the economic potential of East Africa and had established trading posts there long before, mainly for the slave and ivory trade.

With the profound impact that centuries of intervention have had on these old systems, it is amazing that some ethnic groups have preserved their traditions. To really understand this region, which has been affected by constant change like the most of the world, the lasting effects of colonialism must be considered. Many areas in which tribes had staked out territories were simply converted to farmland. Cities and industries emerged and many parts of the region today suffer from monocultures, exploitation of natural resources and dam projects. Many tribes are forcibly dispossessed of their land or are resettled. A transport infrastructure is rising up, modern technology is taking off. Industrialisation is rapidly penetrating the remote habitations of the last nomads. With the insatiable appetite for oil and other natural and agricultural resources, these ancient cultures will soon disappear into the vortex of developments. Indeed, the steady population growth in Africa will bring more and more problems with it in the near future. Indigenous nomadic peoples have always kept cattle, goats and sheep as a means of livelihood. An increase in the number of tribal members leads to a massive increase in livestock. The delicate balance of the natural environment is upset by overgrazing due to excessive amounts of livestock. Shepherds often increase the number of goats they keep in dry areas because these animals are very easily satisfied. However, goats graze more deeply into the turf, resulting in more rapid desertification. Severe erosion is the result.

For many years, I have been allowed to be a guest of the Samburu, the Turkana, the Rendille, the Pokot, the Mursi, the Dassanech, the Karo, the Orma and many other tribes in the East African Rift. I am fascinated by the pride and the hospitality of these people. On my „safaris," I have experienced wonderful moments of bliss, stunning landscapes and incredibly exciting foreign ways of life. Travelers who would like to get closer to these cultures need one thing more than anything else: time. It is not enough to offer money to the tribal elders and take a picture. I have always sought to engage the people, to talk about my life, to let others talk about theirs, to listen, to negotiate (for permission to take pictures), and have often noted that negotiations are a necessary ritual. You cannot have a fear of contact, because the interpersonal restraint of our culture is unknown to most of the tribes I visited, both in physical and communicative terms. Visitors must understand that the spoken word, the sharing of stories, the negotiations and the advice are an essential part of community in most of the societies in this region. I know that I will always be an outsider to these people – that I will only be involved with them in the limited sense of an inquirer. Nevertheless, my respect for them was reciprocated. One of the many examples of this is the name given to me by the Samburu: „L Thumogi," which means "He who came from a foreign land and became a friend".

Many of these peoples lead hard lives that are full of privation, under the enormous demands of the wilderness. Their attitude toward animals and nature is therefore not only respectful but also a magical-religious relationship. Still, consumer goods of the modern world have definitely arrived here, and there are sometimes huge ideological differences. When I told an elderly man in Nairobi where I was from during one of my trips, he replied: "Ah, you are the people who build houses for your cars." Other encounters were difficult at first, such as one with the leader of a Turkana caravan, who pursued me a few metres with fierce determination and put the fear of God into me, only to break out into a fit of laughter with me over the situation. There are tribes who have not been exposed to modern technology, have little contact with the outside world, and live in villages that can only be reached under arduous travel conditions. One example are the Orma, an ethnic group that migrated from the vast southern foothills of the Ethiopian Highlands to the Kenyan coastal province of the Tana River district about 150 years ago. Over the years, they have been harassed again and again by armed Somalis. In addition, they lost almost all their livestock in the 1970s in a major drought. The ORMA have had almost no contact with tourists, and it was not easy to get to their villages. From Lamu, we flew in a single-engine plane along the coast to the mouth of the Tana River where it meets the Indian Ocean. We landed at a bend in the river where it flows over a light sandbar, and we continued on foot over rough terrain until we finally reached a wide plain from which the first honeycomb-shaped huts can be made out. By contrast with other villages I have visited in Africa, here there was no cheerful crowd of curious children greeting the foreign visitors. The first encounter was sobering. We received an odd welcome, as the inhabitants retreated mistrustfully, almost fearfully, into their huts. There was no aggression, but the community clearly signalled that it wanted no contact. It was already afternoon and the sun was slowly sinking on the horizon, basking the plain in violet light. Gradually, some figures started to emerge from the darkness of their dwellings. The women began gathering the dung from the goat pens and placing them in heaps around the village. After a specific amount was accumulated in a pile, it was ignited. A low wind blowing up from the coast whipped up the smouldering pile of dung and shrouded the village in a caustic haze of smoke. This procedure takes place every evening to drive the myriad mosquitos from the river delta. Soon, the children came out and were the first to approach us. In small groups, they eyed us from a safe distance. They were fascinated by our camera and equipment. After I took a snapshot of one of the little girls and showed it to the children on the camera display, the ice was broken and they began to open up. The great delight and natural innocence of the children now drew the older people outside. A few months later, I returned to Africa and went on the road again to visit the ORMA. In my bags, I brought the photos of our last encounter as a gift. Before we landed on the coast I asked the pilot to fly once more inland for a view of the villages from the air. What awaited us was a view of another side of Africa. Burnt down huts, abandoned villages. As we learned later, Somalian bandits, or shifta, had long been threatening the region, and it came to violent attacks. Many Ormas were murdered, others driven out. I will never know what happened to the little Orma girl.

For several years, mass tourism has been penetrating the most remote corners of the African continent and has opened the doors to an imported civilization that is rapidly affecting the last nomadic tribes. Many of the younger generation have already adapted to the elements of a modern society, such as mobile phones or clothing. On the other hand, many people, even in the bigger cities, are fulfilling a deep desire to maintain their traditions – perhaps to assert themselves culturally in times of massive change and to maintain an identity. Many tribes often put on folkloric shows for paying tourists, who, for a fleeting moment, enter into the past of this culturally remote world and then return safely to their enclaves. Despite this influence, I was able to visit some tribes that have not accepted anything foreign in their customs, traditions and dress. This allowed me to photographically record a vanishing culture. For example, many of the young Maasai and Samburu who grew up in their secluded villages, then went off to schools and universities, can also be seen with their tribes in traditional clothing when they take part in initiation rites or other celebrations. Therefore, my pictures are not intended to reflect some supposed authenticity, but a part of East African culture that is threatened by geopolitical interests. We all know the cultural and historic importance of the region, the "Cradle of Humankind," but not even UNESCO certification can protect it from having to adapt to change. That can be seen as tragic, or indifferently as inevitable. The fact is that these pictures document something that will no longer exist in this form. So, I tried to capture in pictures what I intuitively felt during my travels: a certain originality. I do not want to make a photo documentary. I want to show people, surrounded by their natural habitat, proud and dignified, and in their full earthy beauty. My pictures are meant to express my fascination with a region that seems so contrary to our lives and yet reflects our own past.

Timo Heiny

Samburu, Kenia/Kenya

30   Samburu, Kenia/Kenya

Samburu, Kenia/Kenya

Samburu, Kenia/Kenya

Samburu, Kenia/Kenya

Samburu, Kenia/Kenya

Samburu, Kenia/Kenya

Samburu, Kenia/Kenya

Samburu, Kenia/Kenya

Samburu, Kenia/Kenya

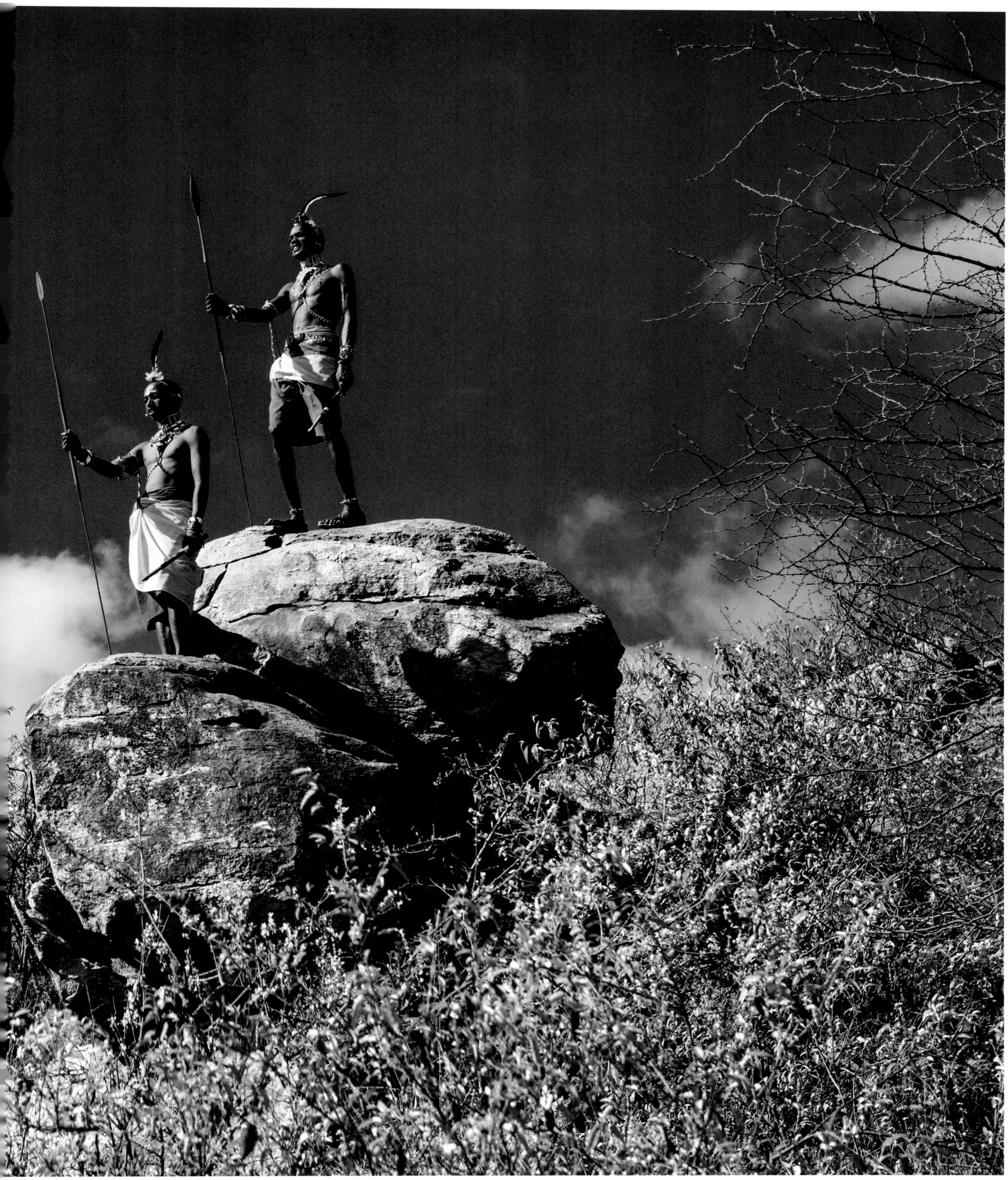

Samburu, Kenia/Kenya

Samburu, Kenia/Kenya

Samburu, Kenia/Kenya

> Löwin/Lioness, Kenia/Kenya

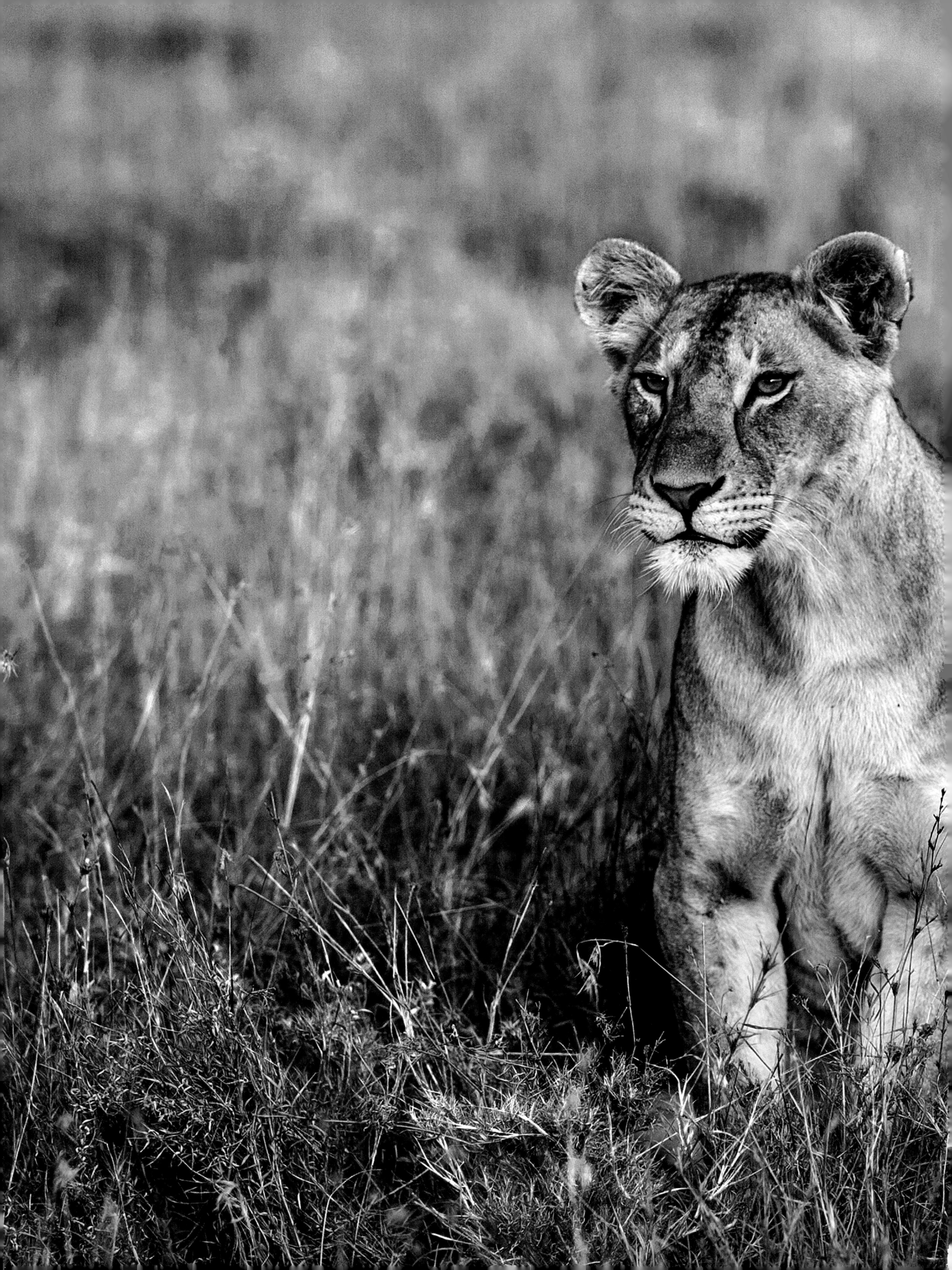

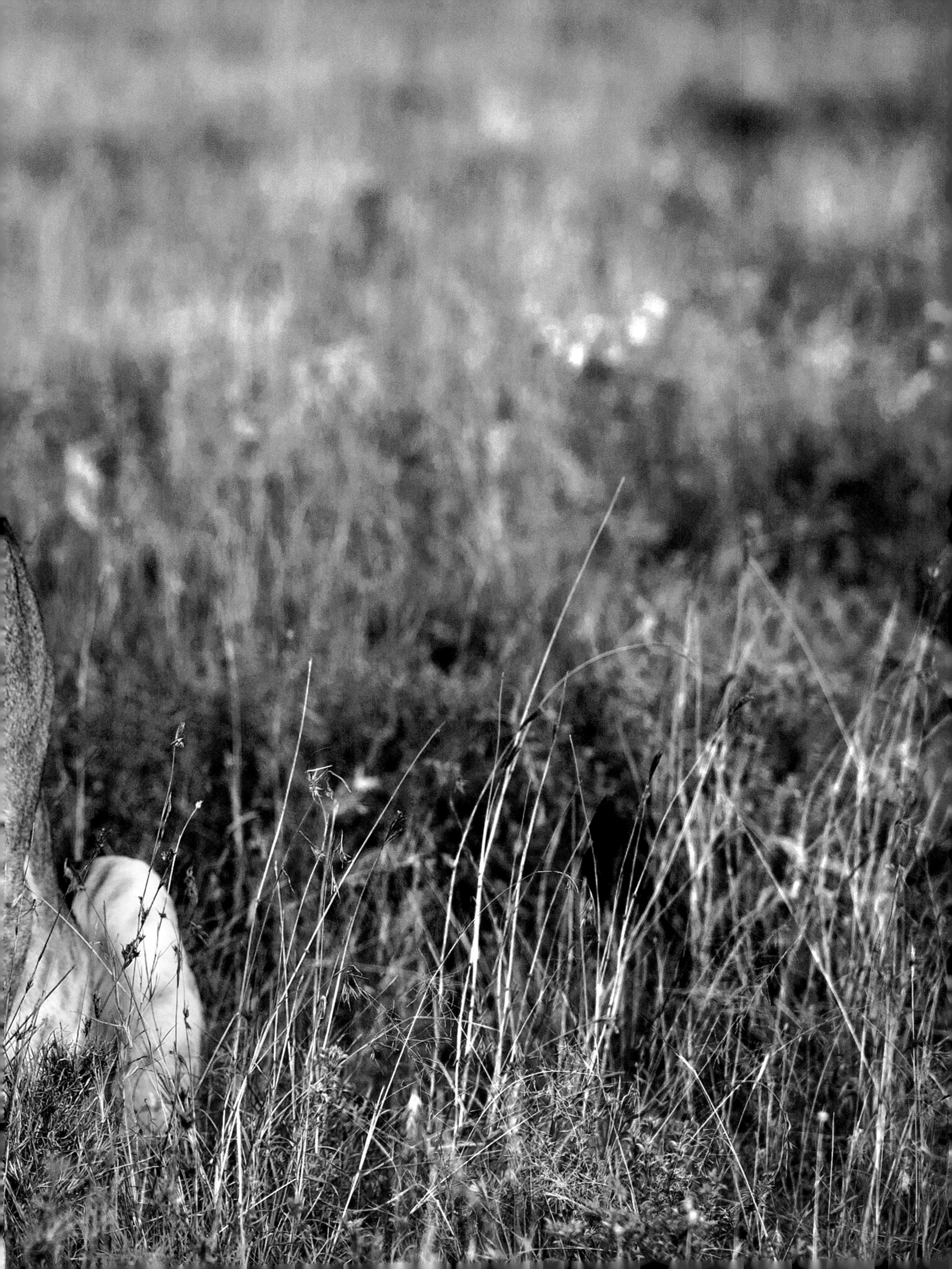

Samburu, Kenia/Kenya

Samburu, Kenia/Kenya

48 Hochzeitszeremonie der Samburu/ Wedding Ceremony of the Samburu, Kenia/Kenya

Hochzeitszeremonie der Samburu/ Wedding Ceremony of the Samburu, Kenia/Kenya 49

Hochzeitszeremonie der Samburu/ Wedding Ceremony of the Samburu, Kenia/Kenya Hochzeitszeremonie der

Hochzeitszeremonie der Samburu/ Wedding Ceremony of the Samburu, Kenia/Kenya

Hochzeitszeremonie der Samburu / Wedding Ceremony of the Samburu, Kenia/Kenya

> Mursi, Äthiopien/Ethiopia

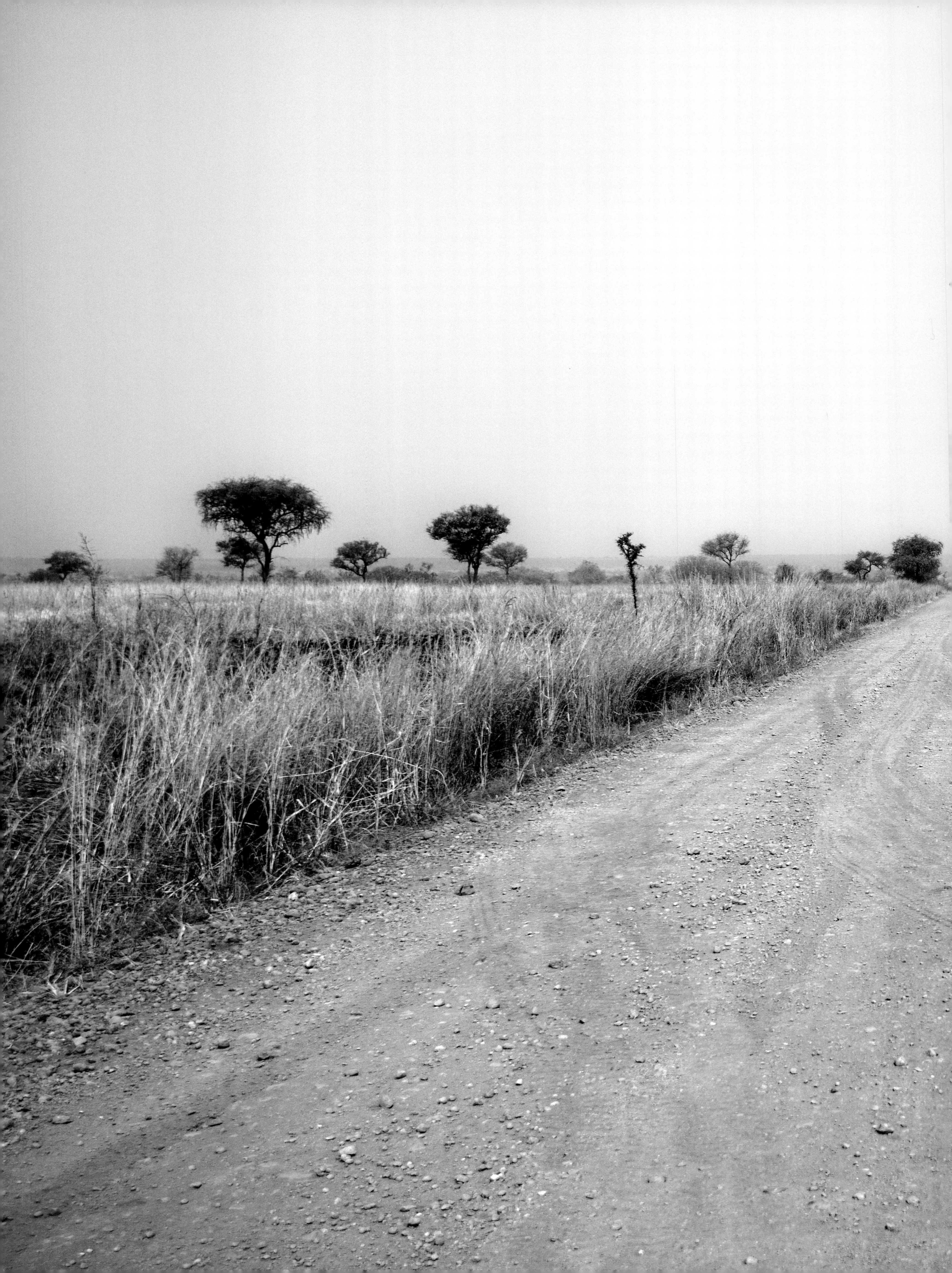

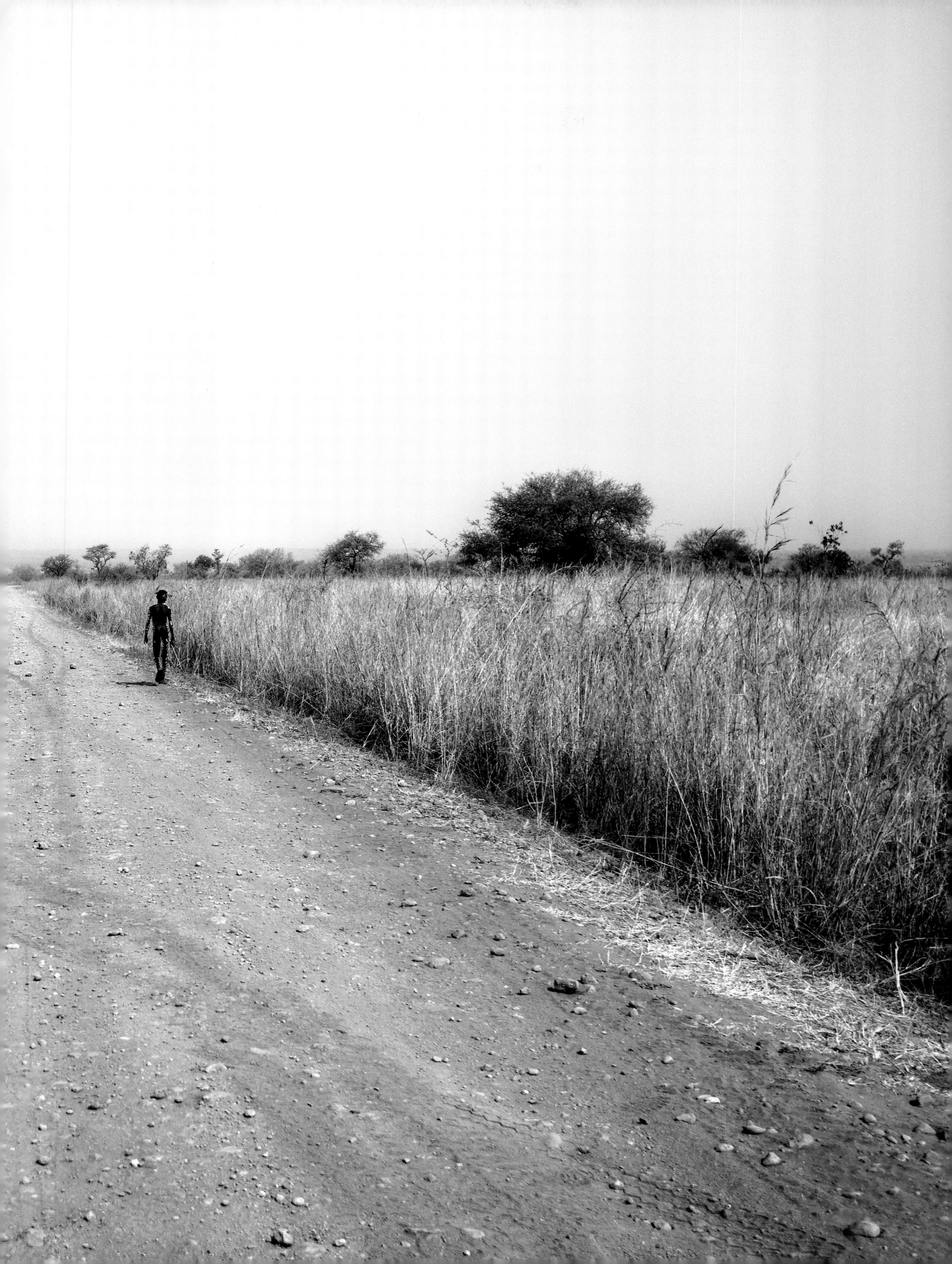

Mursi, Äthiopien/Ethiopia

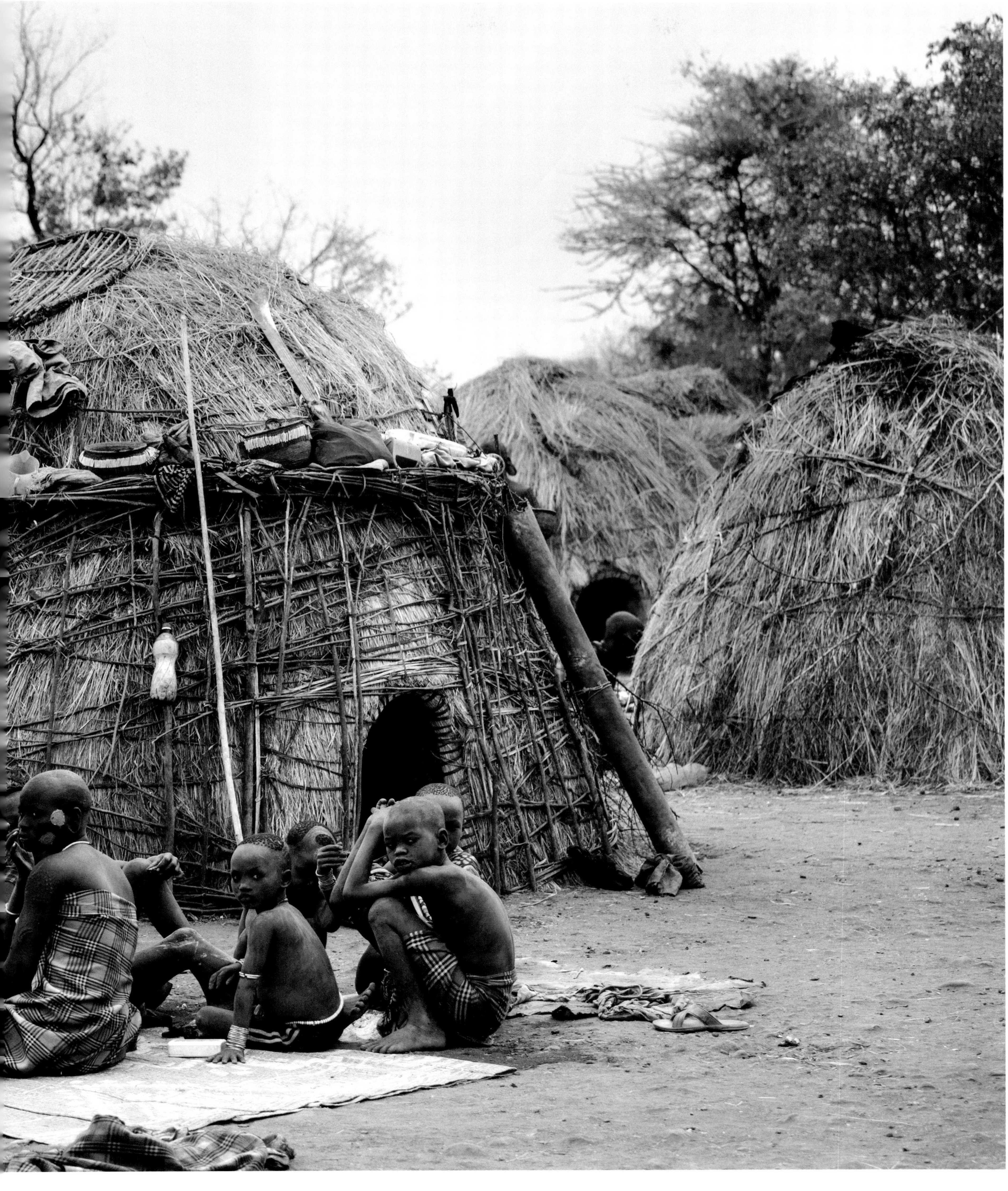

Mursi, Äthiopien/Ethiopia

Mursi, Äthiopien/Ethiopia

Mursi, Äthiopien/Ethiopia

Mursi, Äthiopien/Ethiopia

Mursi, Äthiopien/Ethiopia

Mursi, Äthiopien/Ethiopia

Mursi, Äthiopien/Ethiopia

Mursi, Äthiopien/Ethiopia

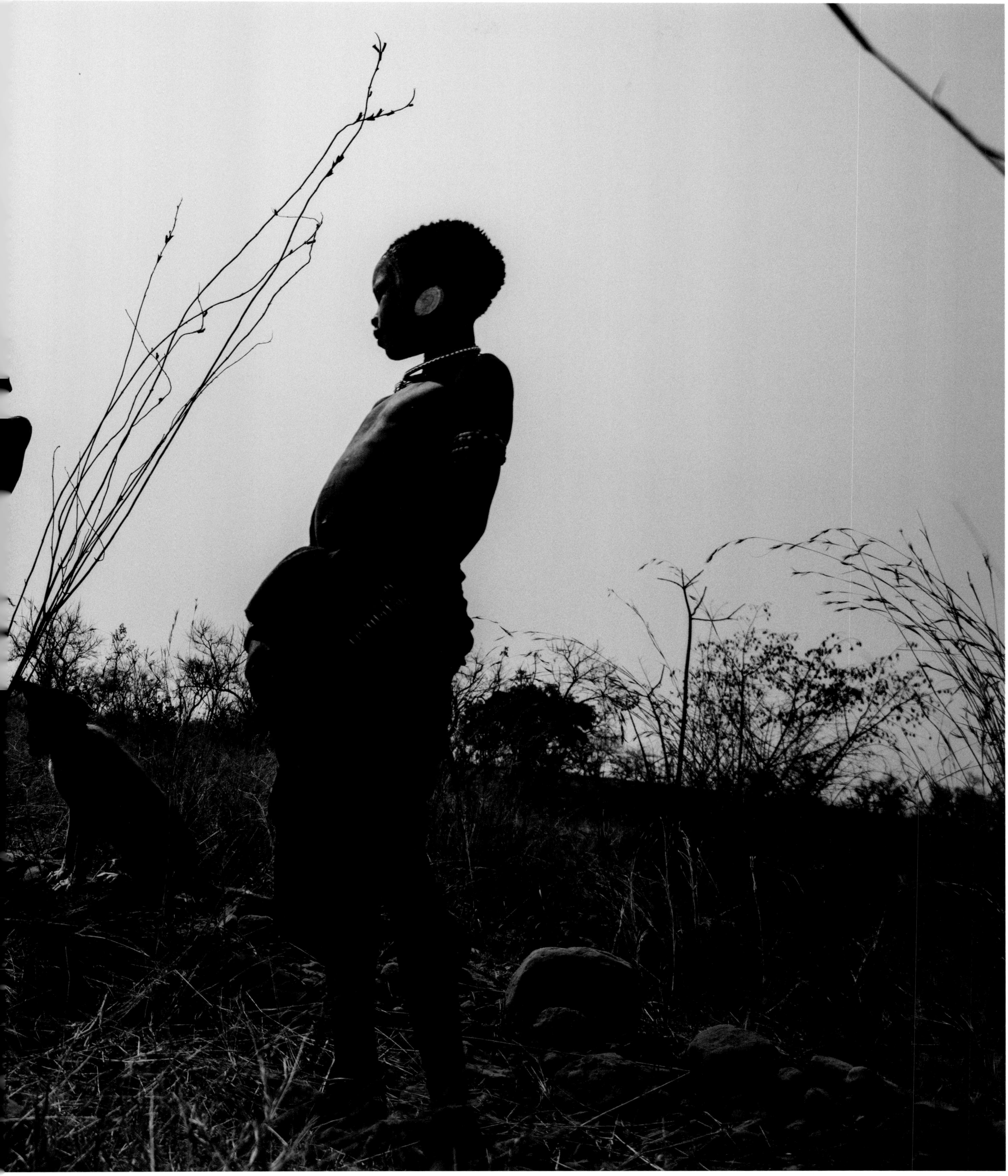

Mursi, Äthiopien/Ethiopia

Mursi, Äthiopien/Ethiopia

Mursi, Äthiopien/Ethiopia

Mursi, Äthiopien/Ethiopia

Mursi, Äthiopien/Ethiopia

Mursi, Äthiopien/Ethiopia

Mursi, Äthiopien/Ethiopia

75

Mursi, Äthiopien/Ethiopia

Mursi, Äthiopien/Ethiopia

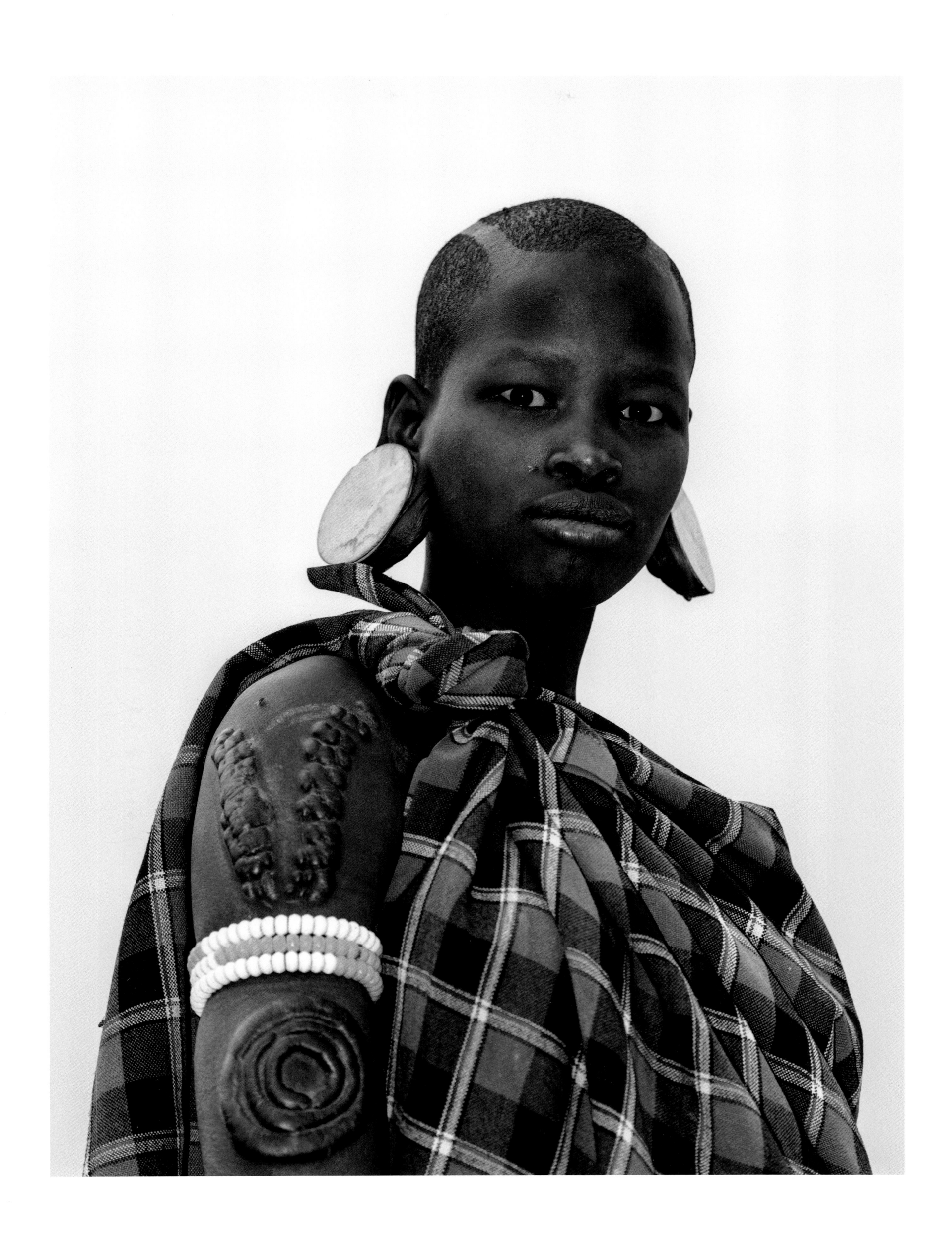

Dorf der Mursi/Village of the Mursi, Äthiopien/Ethiopia

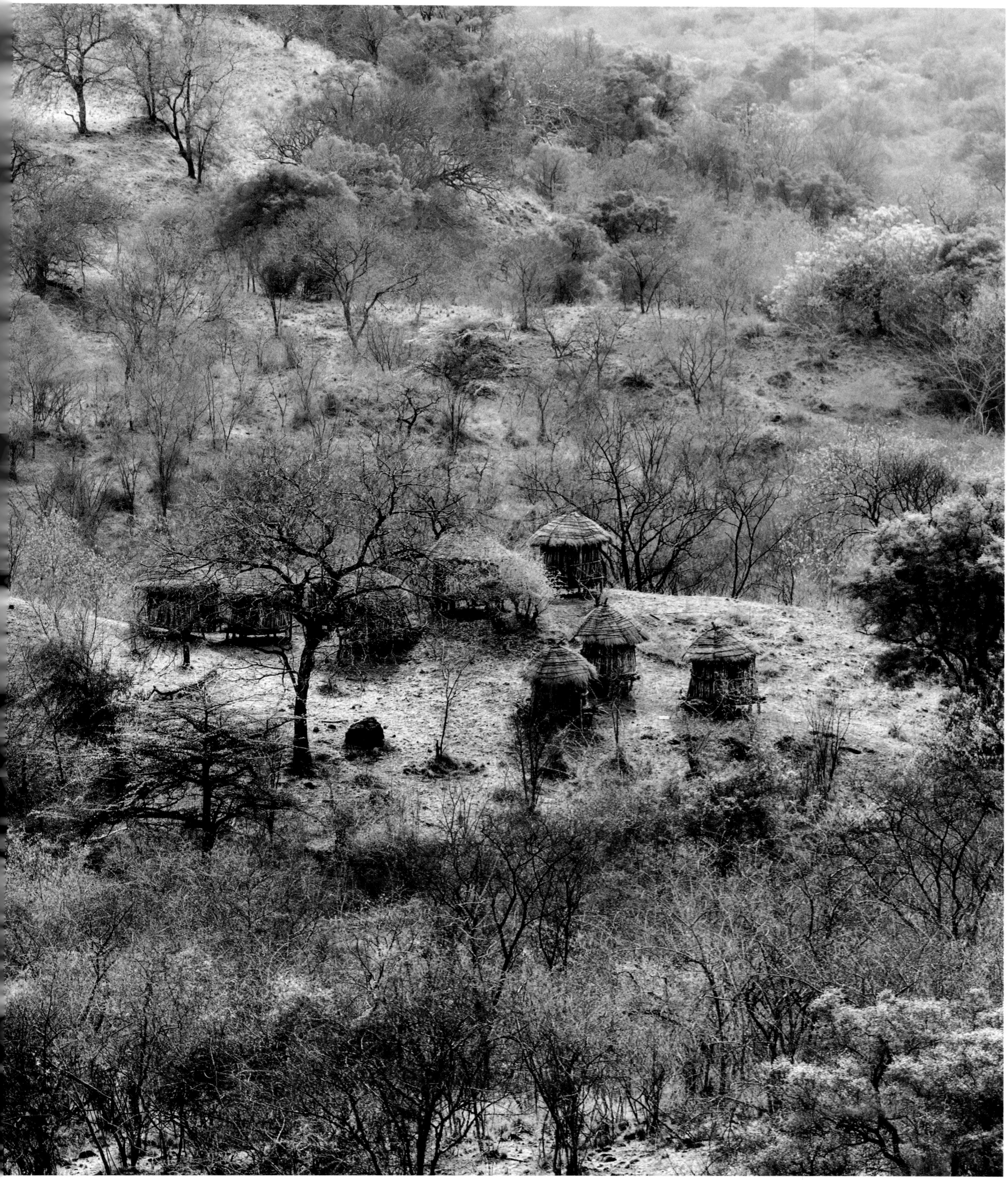

Mursi, Äthiopien/Ethiopia

Mursi, Äthiopien/Ethiopia

Mursi, Äthiopien/Ethiopia

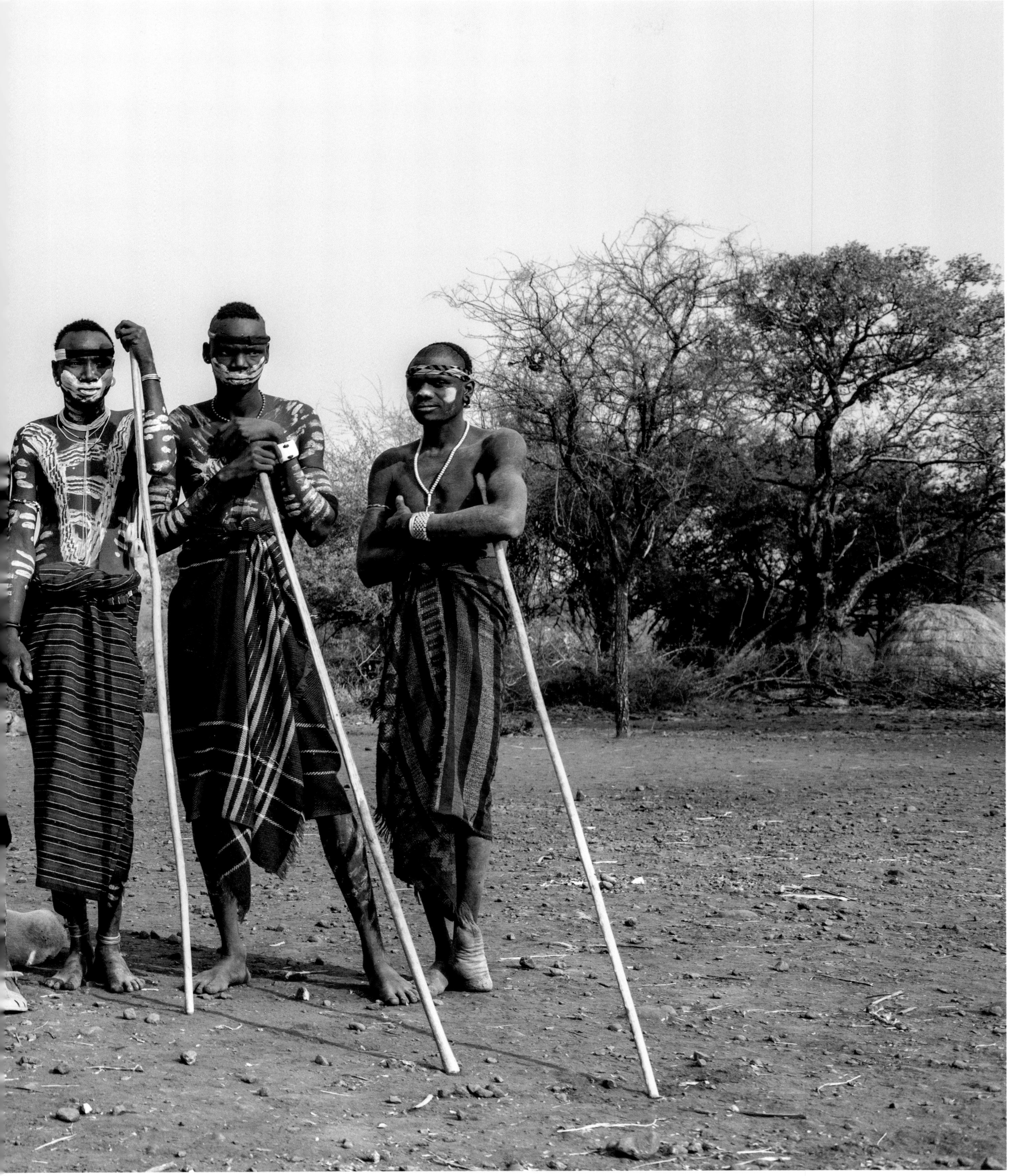

Mursi, Äthiopien/Ethiopia

Mursi, Äthiopien/Ethiopia

Mursi, Äthiopien/Ethiopia

Mursi, Äthiopien/Ethiopia

Mursi, Äthiopien/Ethiopia

> Südäthiopien/Southern Ethiopia

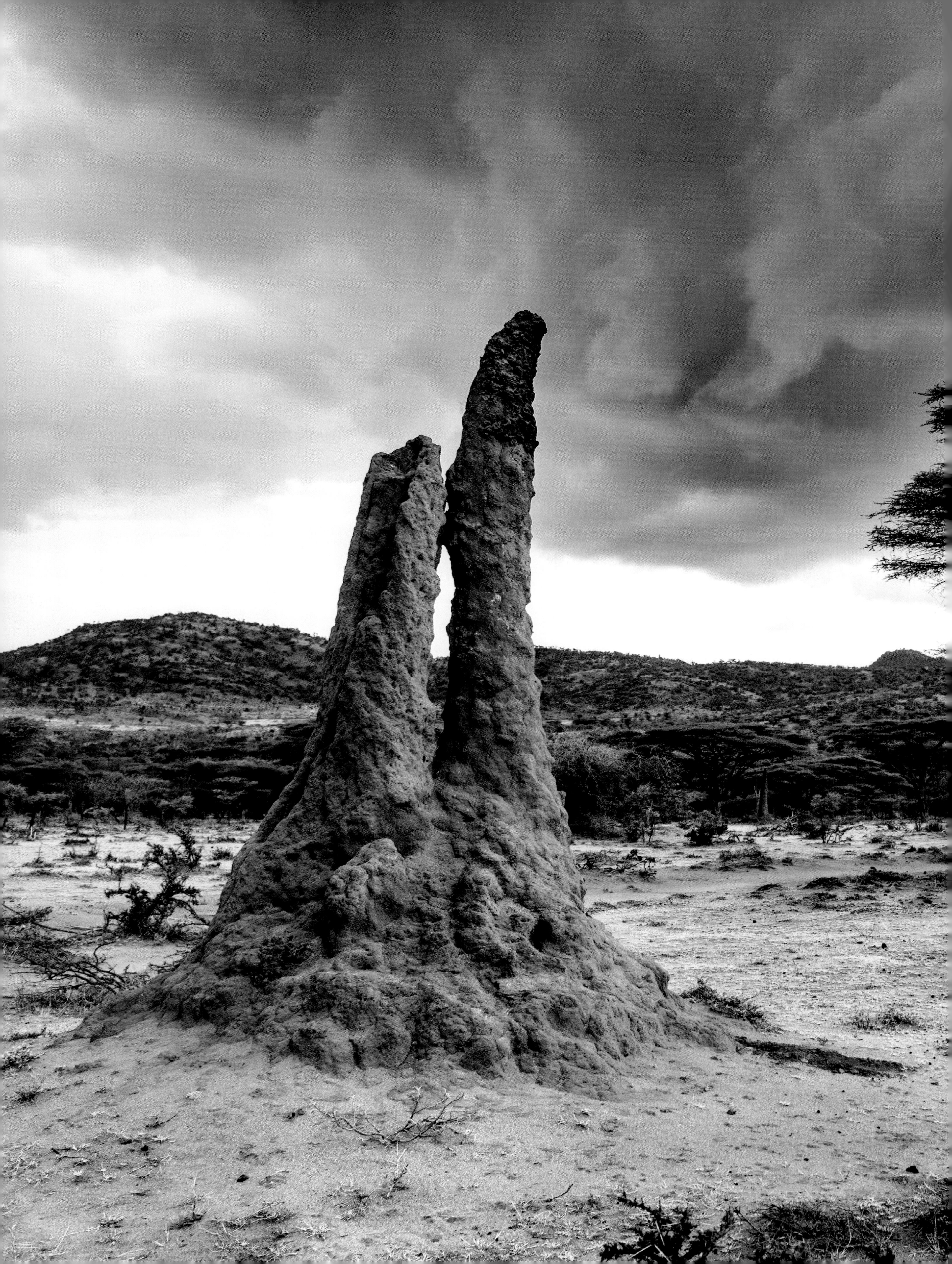

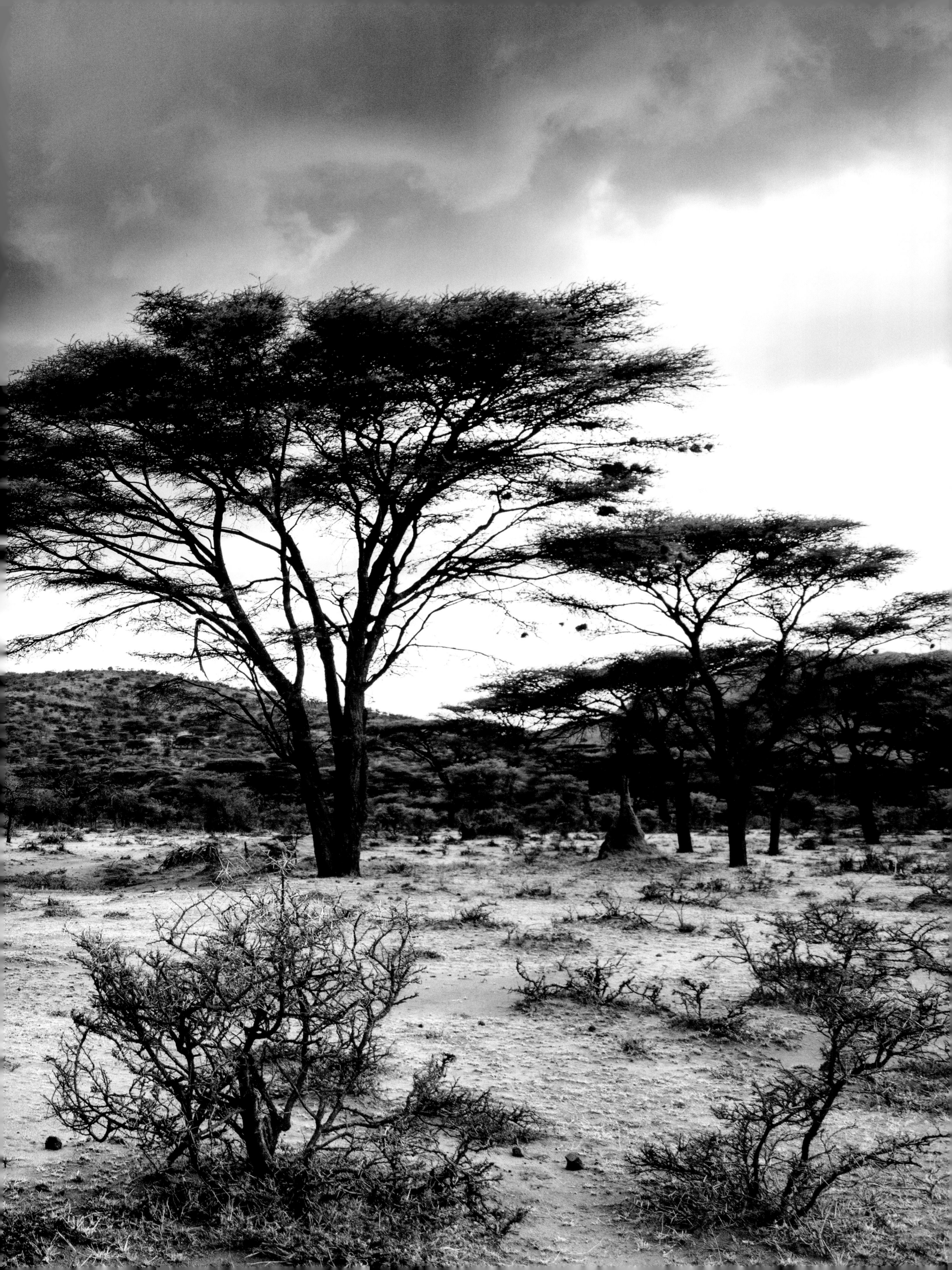

Karo, Äthiopien/Ethiopia

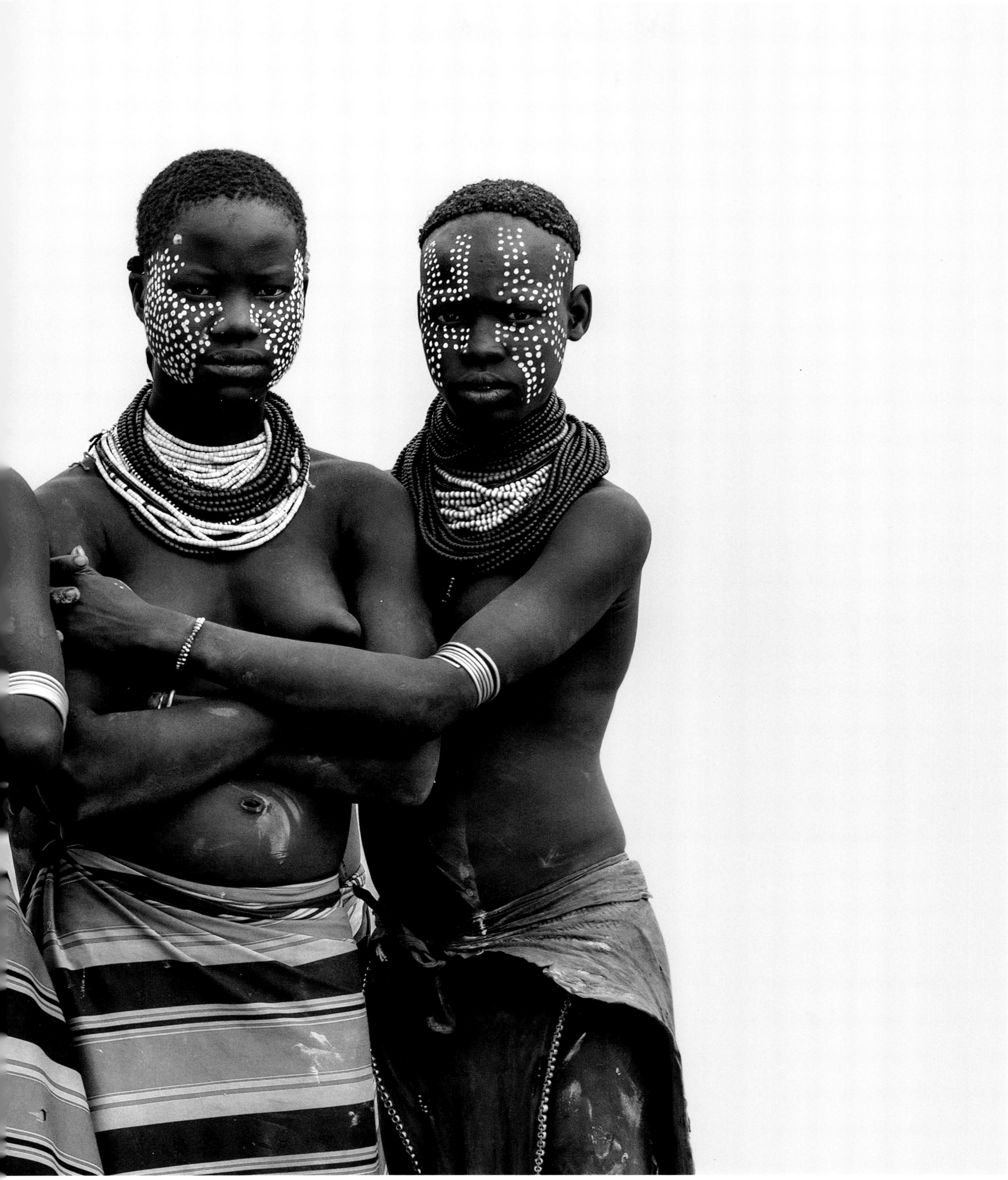

Karo, Äthiopien/Ethiopia

Karo, Äthiopien/Ethiopia

Karo, Äthiopien/Ethiopia

97

Karo, Äthiopien/Ethiopia

Karo, Äthiopien/Ethiopia

Karo, Äthiopien/Ethiopia

Karo, Äthiopien/Ethiopia

Karo, Äthiopien/Ethiopia

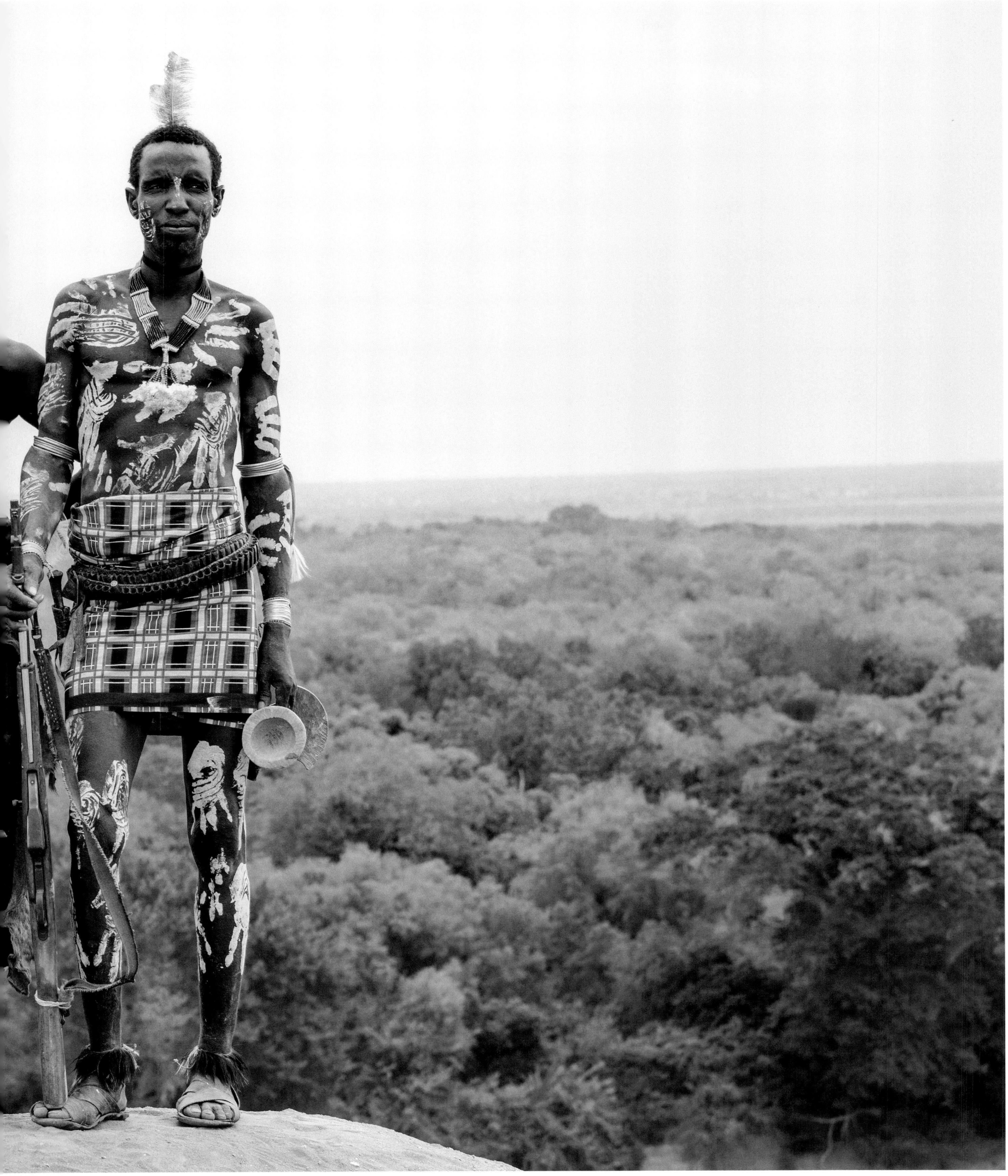

Karo, Äthiopien/Ethiopia

> Südäthiopien/Southern Ethiopia

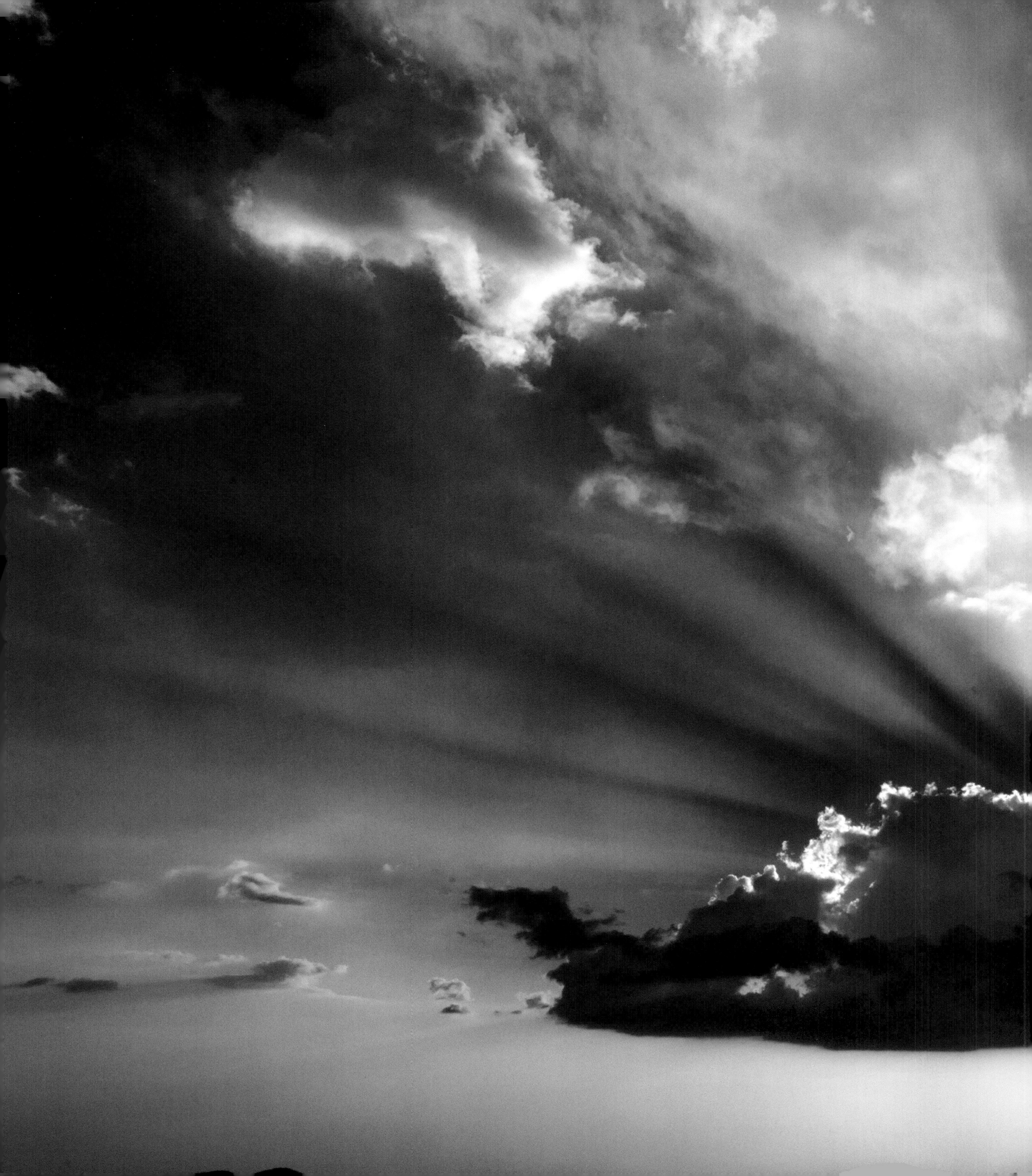

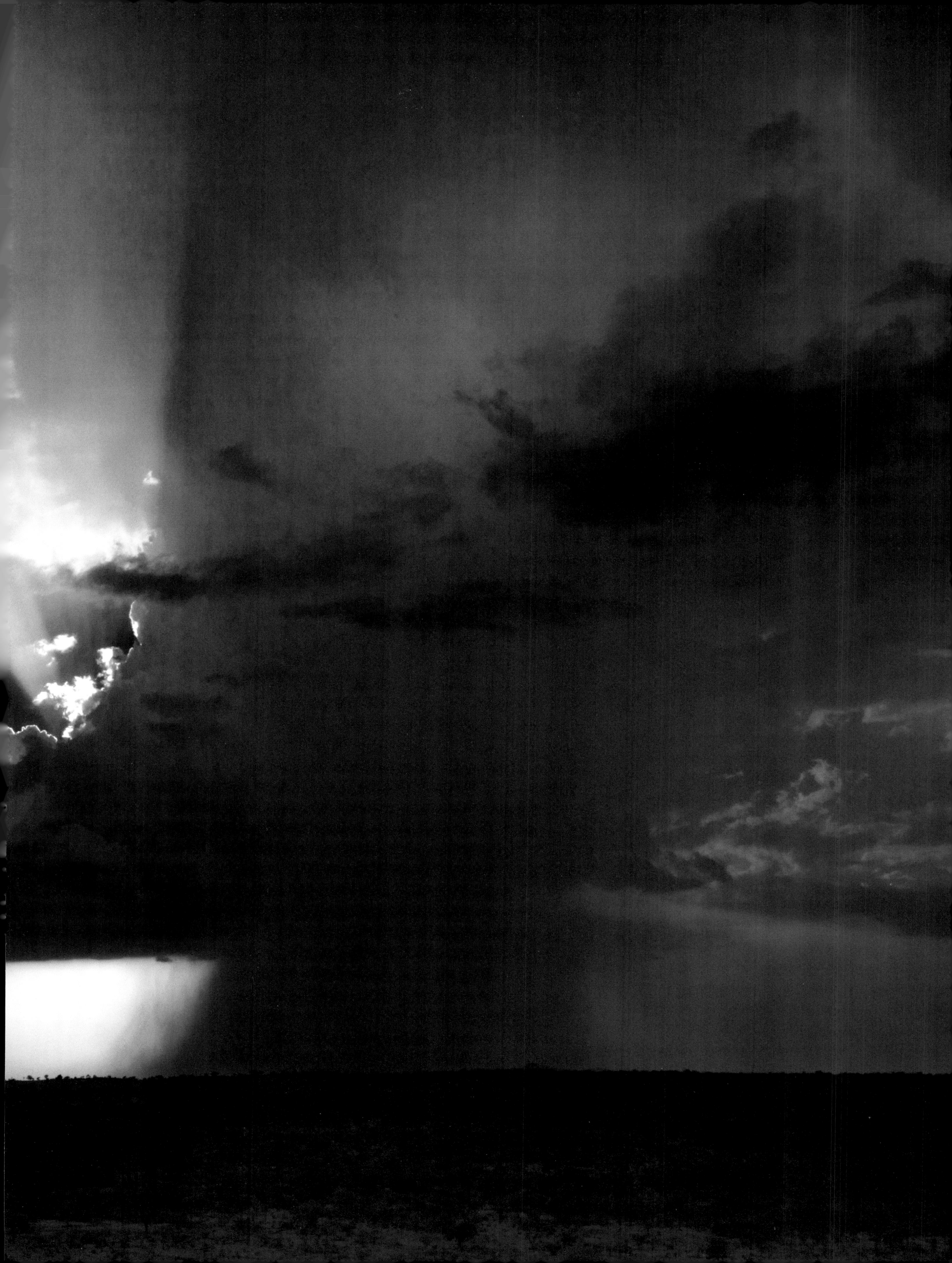

Dorf der Dassanech/Village of the Dassanech, Äthiopien/Ethiopia

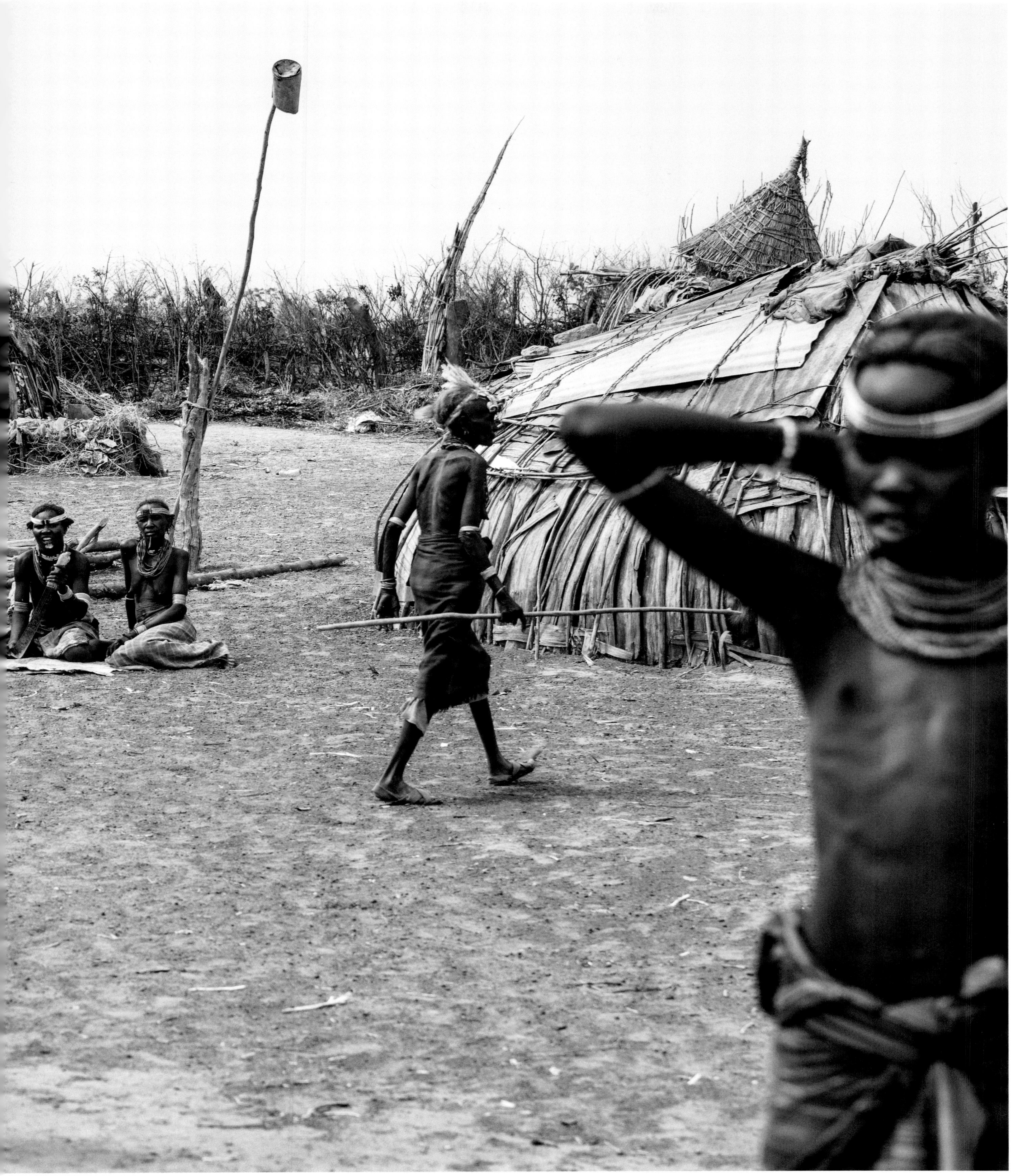

Dassanech, Äthiopien/Ethiopia

Dassanech, Äthiopien/Ethiopia

Dassanech, Äthiopien/Ethiopia

Dassanech, Äthiopien/Ethiopia

Dassanech, Äthiopien/Ethiopia

Dassanech, Äthiopien/Ethiopia

Dassanech, Äthiopien/Ethiopia

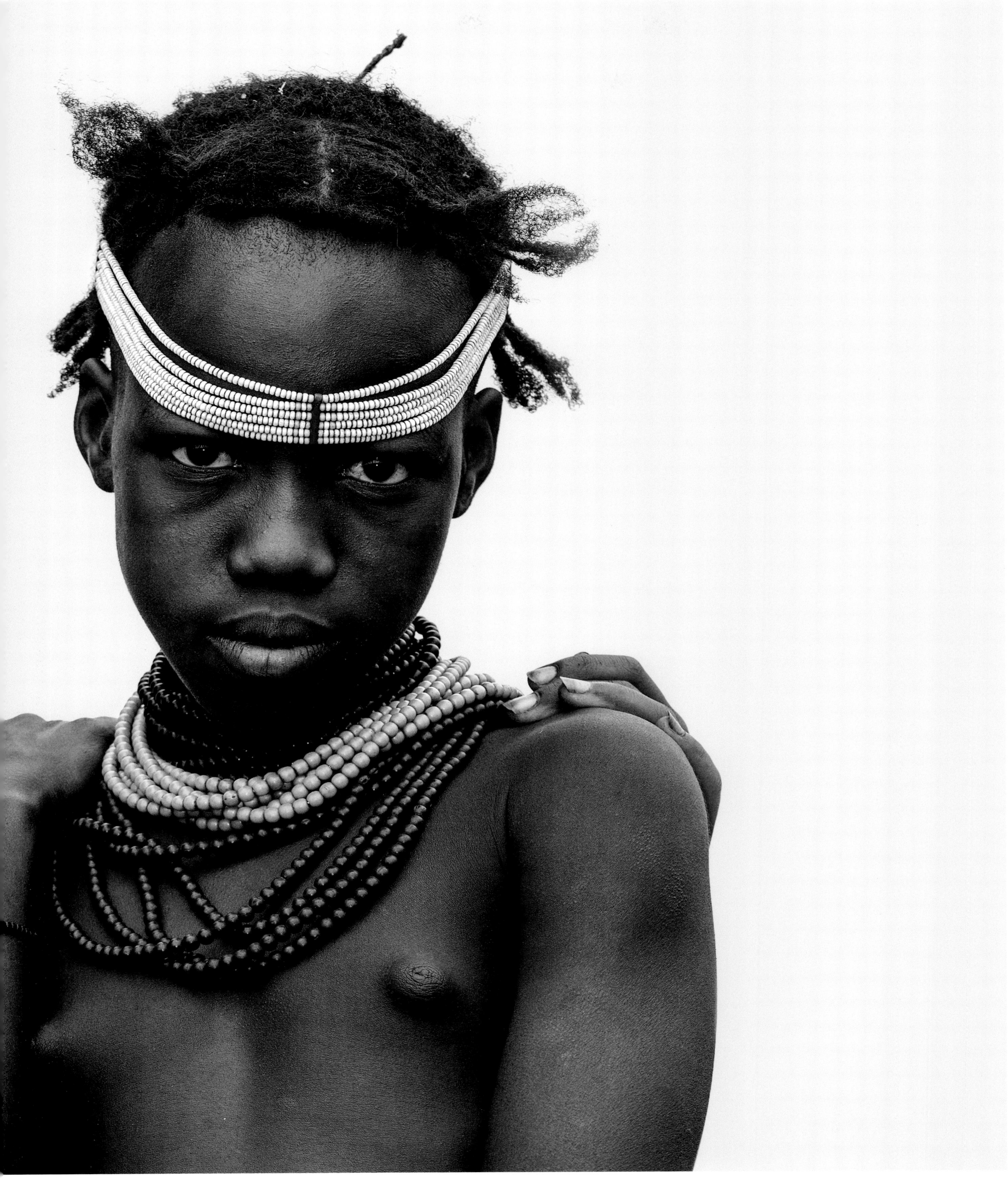

Dassanech, Äthiopien/Ethiopia

Dassanech, Äthiopien/Ethiopia   > Hamar, Äthiopien/Ethiopia

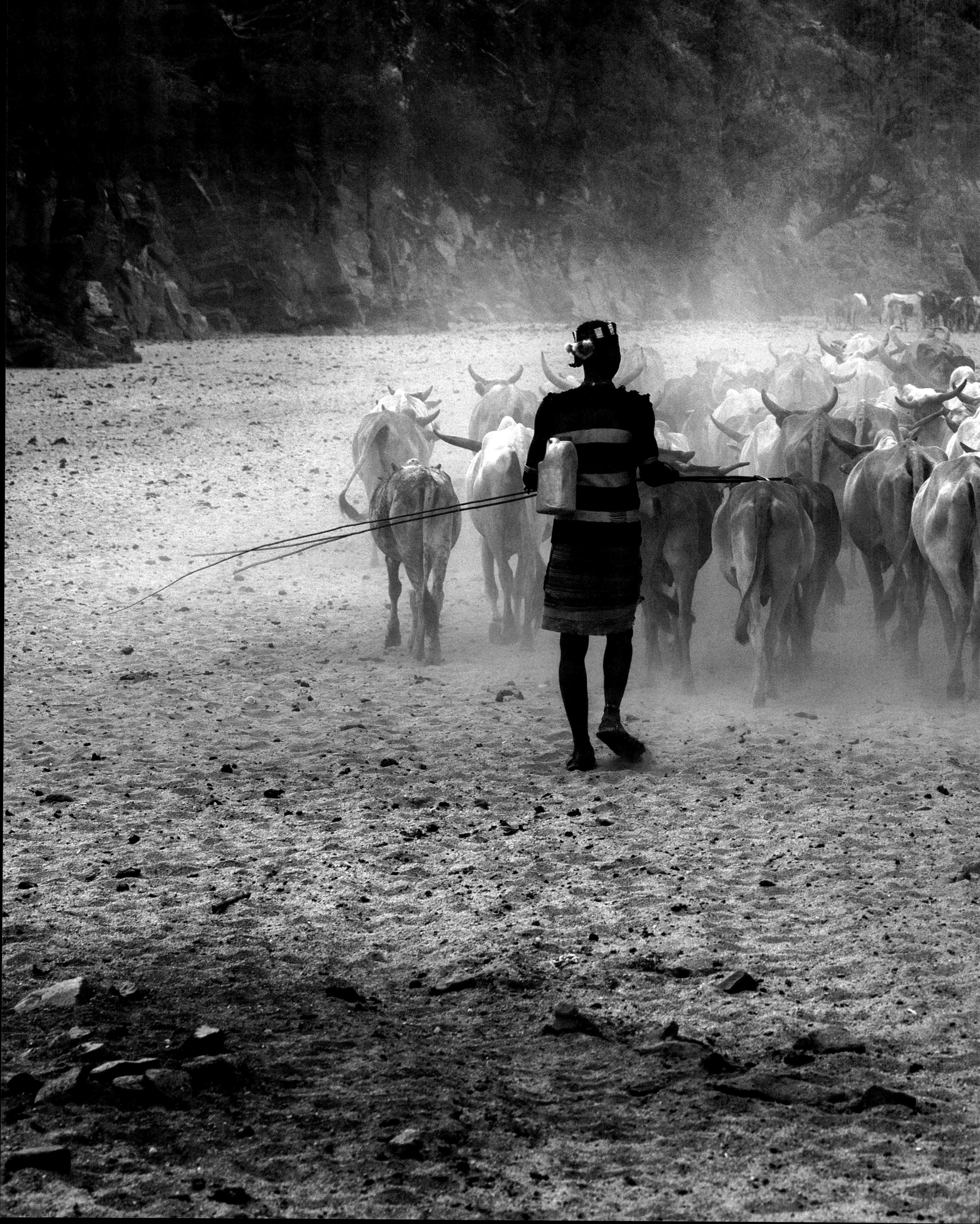

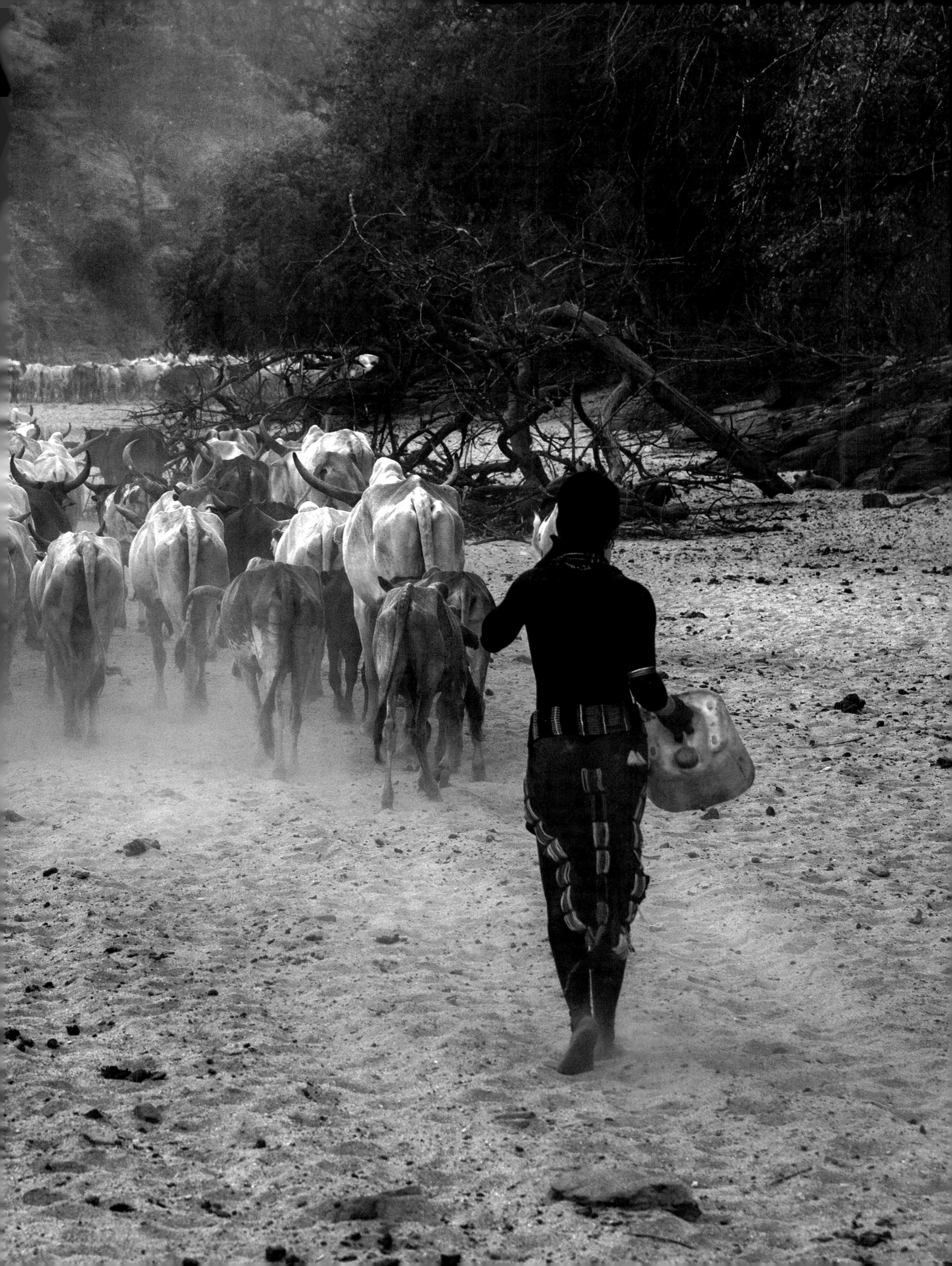

Dorf der Hamar / Village of the Hamar, Äthiopien / Ethiopia

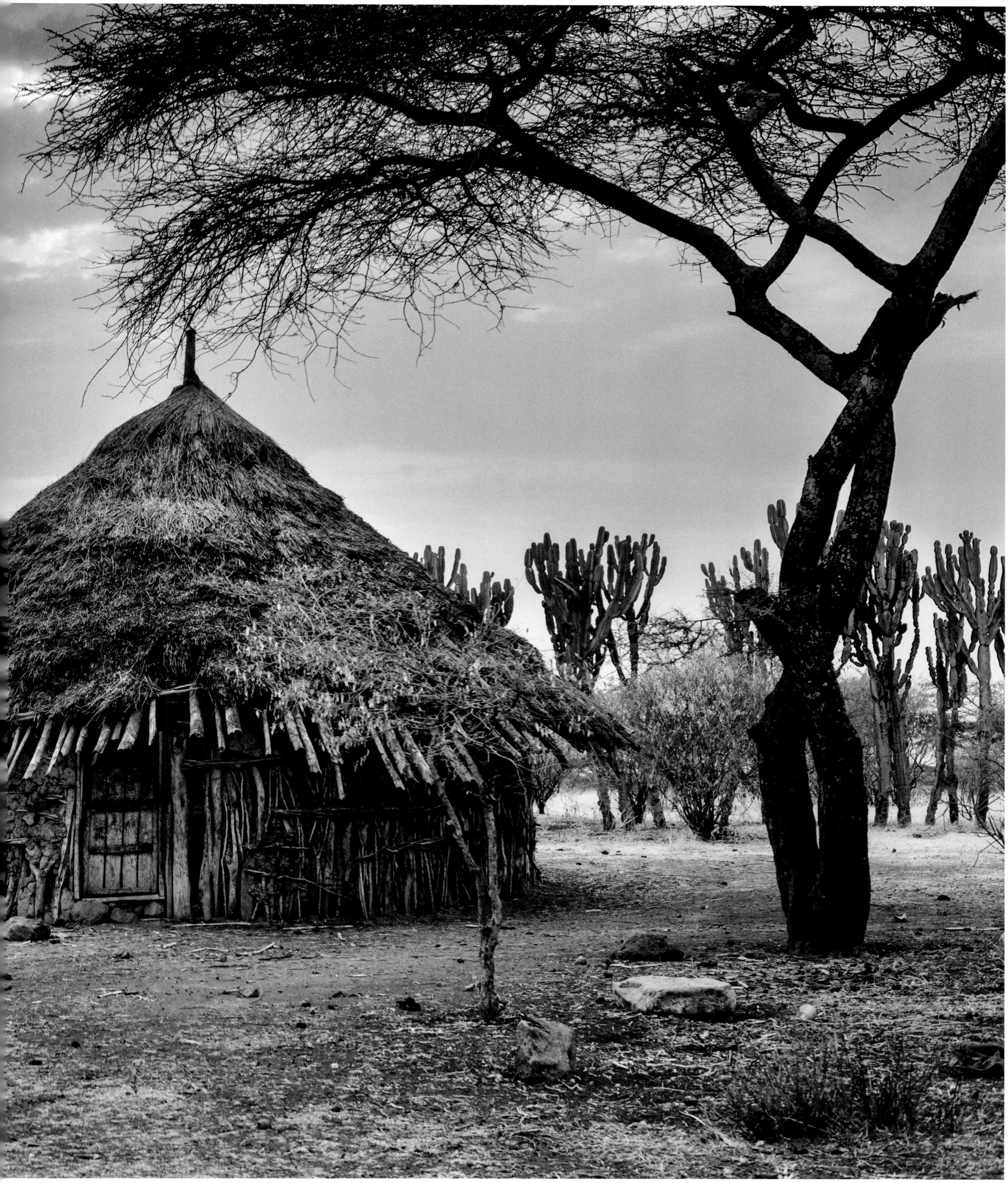

Hamar, Äthiopien/Ethiopia

Hamar, Äthiopien/Ethiopia

Hamar, Äthiopien/Ethiopia

127

Hamar, Äthiopien/Ethiopia

Hamar, Äthiopien/Ethiopia

Hamar, Äthiopien/Ethiopia

Hamar, Äthiopien/Ethiopia

Hamar, Äthiopien/Ethiopia

Hamar, Äthiopien/Ethiopia

El Sod Kratersee/El Sod Crater Lake, Äthiopien/Ethiopia

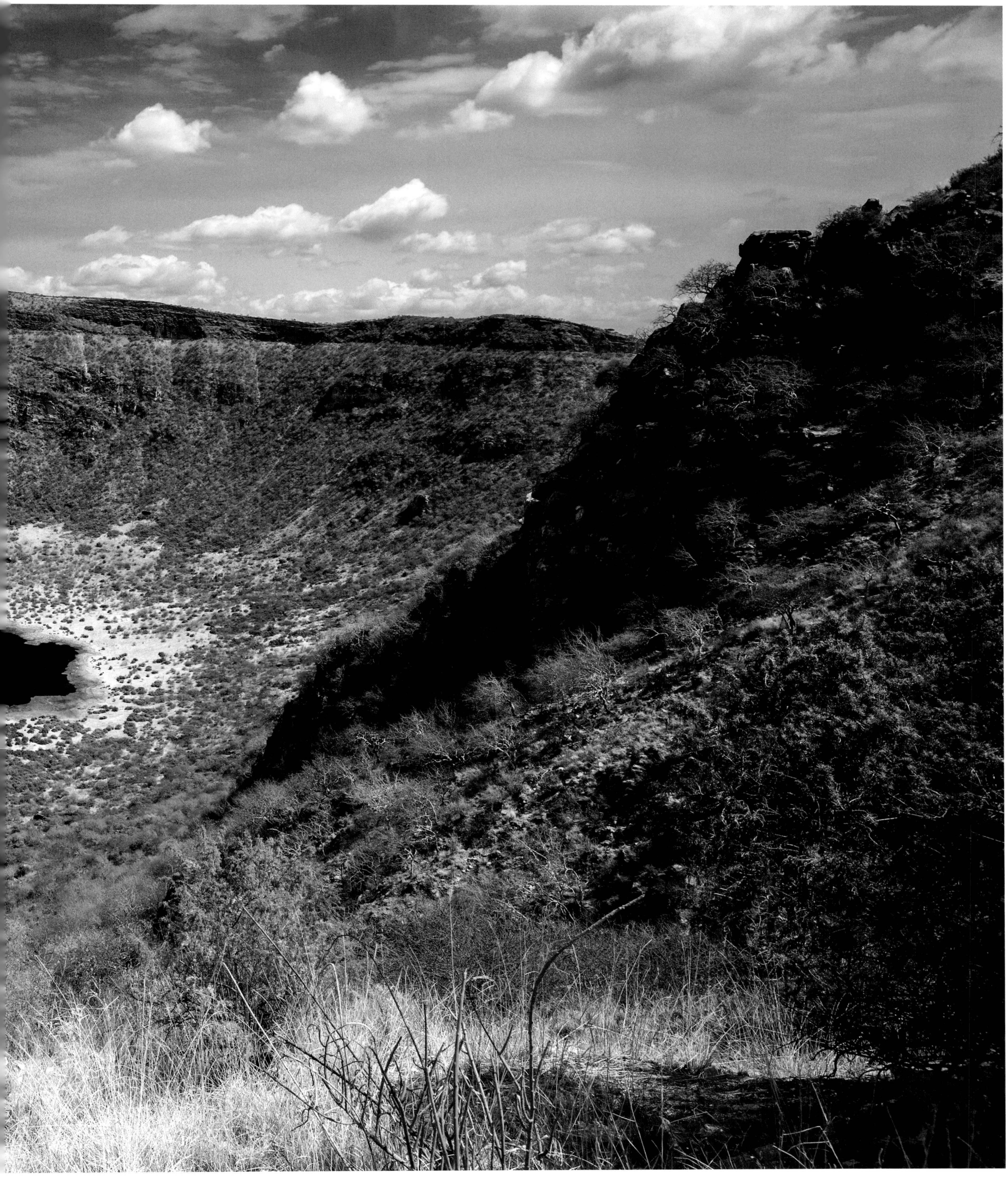

Salzgewinnung El Sod Kratersee/Salt Production El Sod Crater Lake, Äthiopien/Ethiopia

Salzgewinnung El Sod Kratersee/Salt Production El Sod Crater Lake, Äthiopien/Ethiopia   > Dorf der Konso/Village of the Konso, Äthiopien/Ethiopia

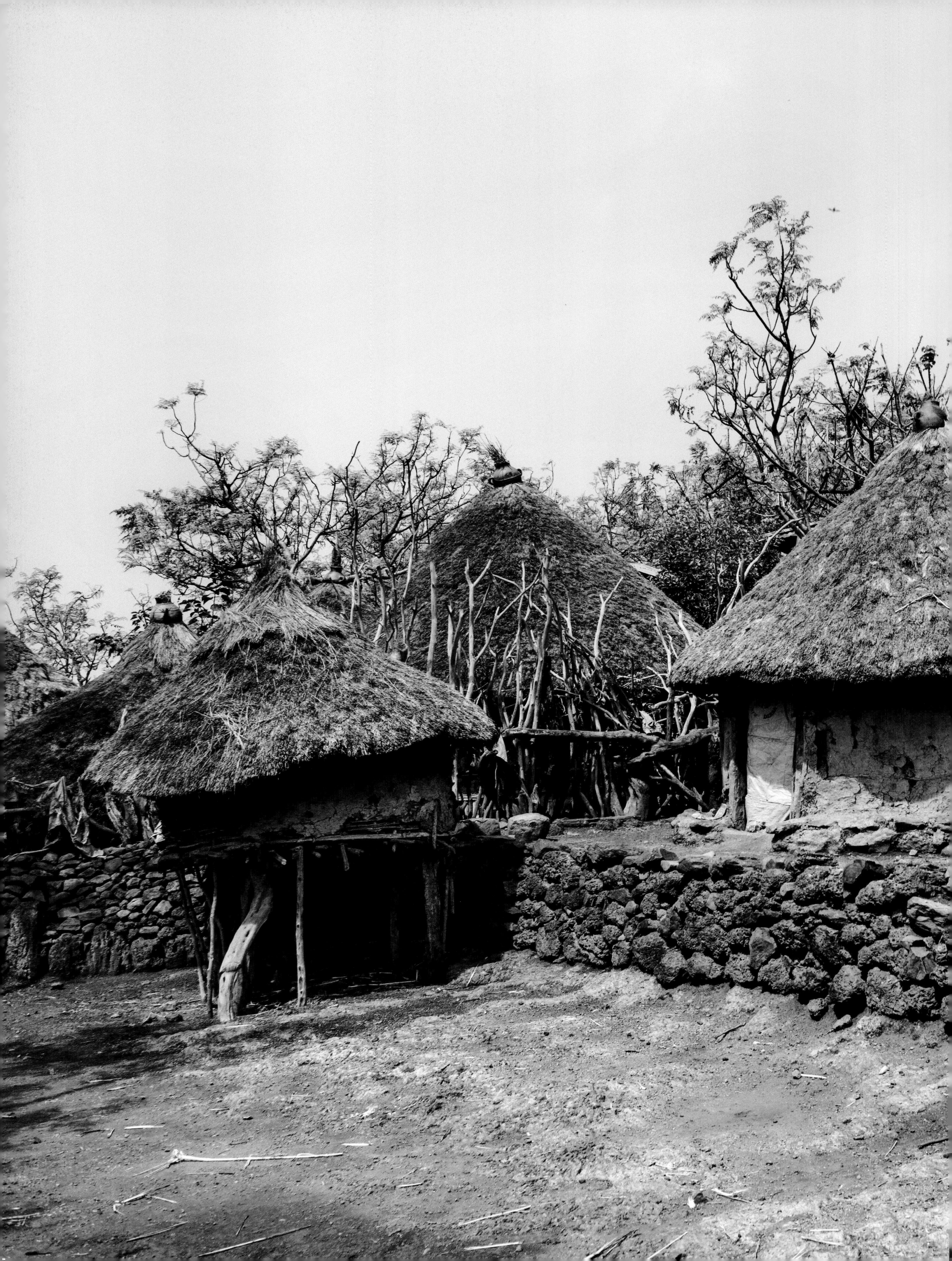

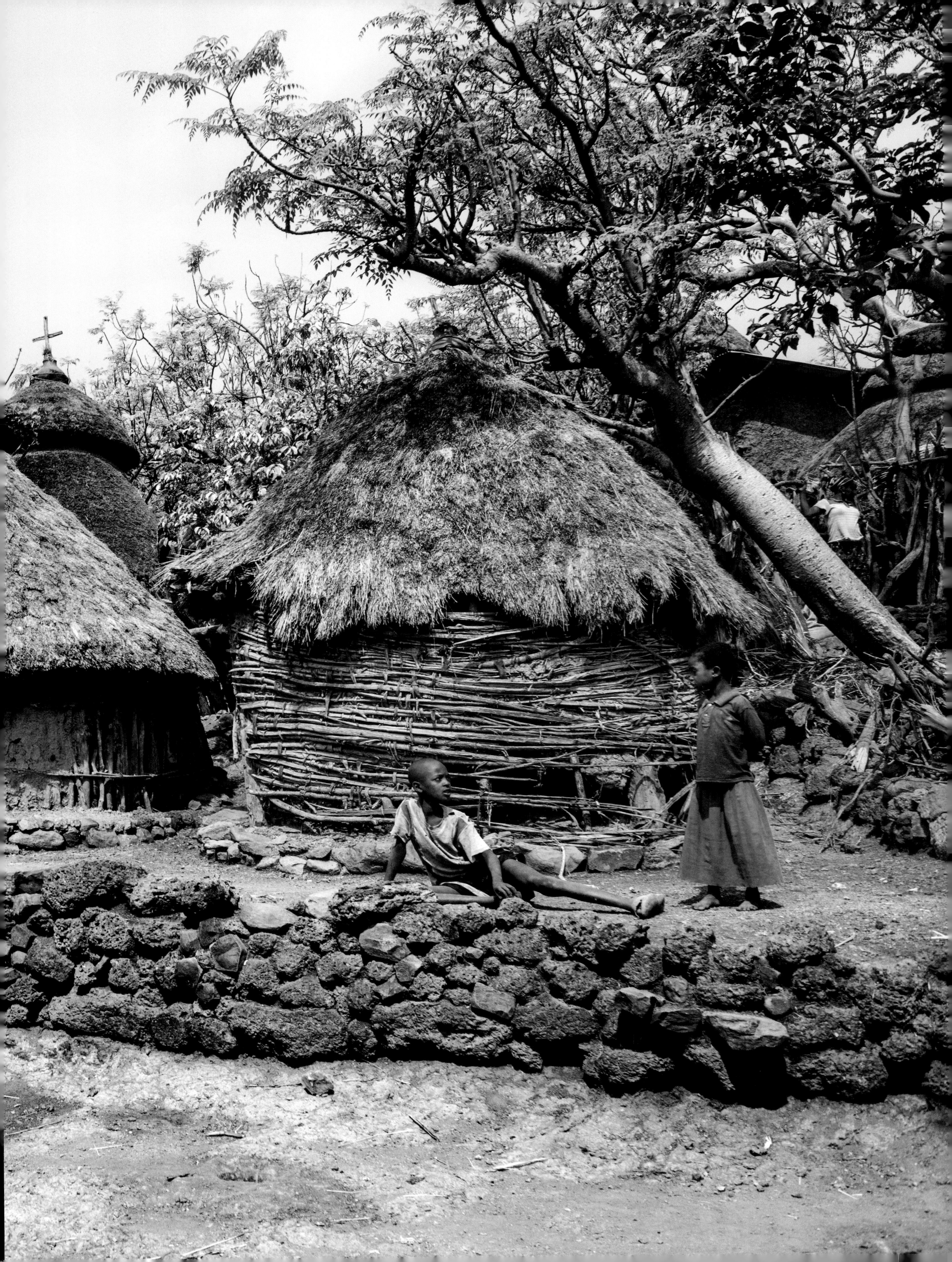

Konso, Äthiopien/Ethiopia

Konso, Äthiopien/Ethiopia

Konso, Äthiopien/Ethiopia

143

Konso, Äthiopien/Ethiopia

> Dorf der Orma/Village of the Orma, Kenia/Kenya

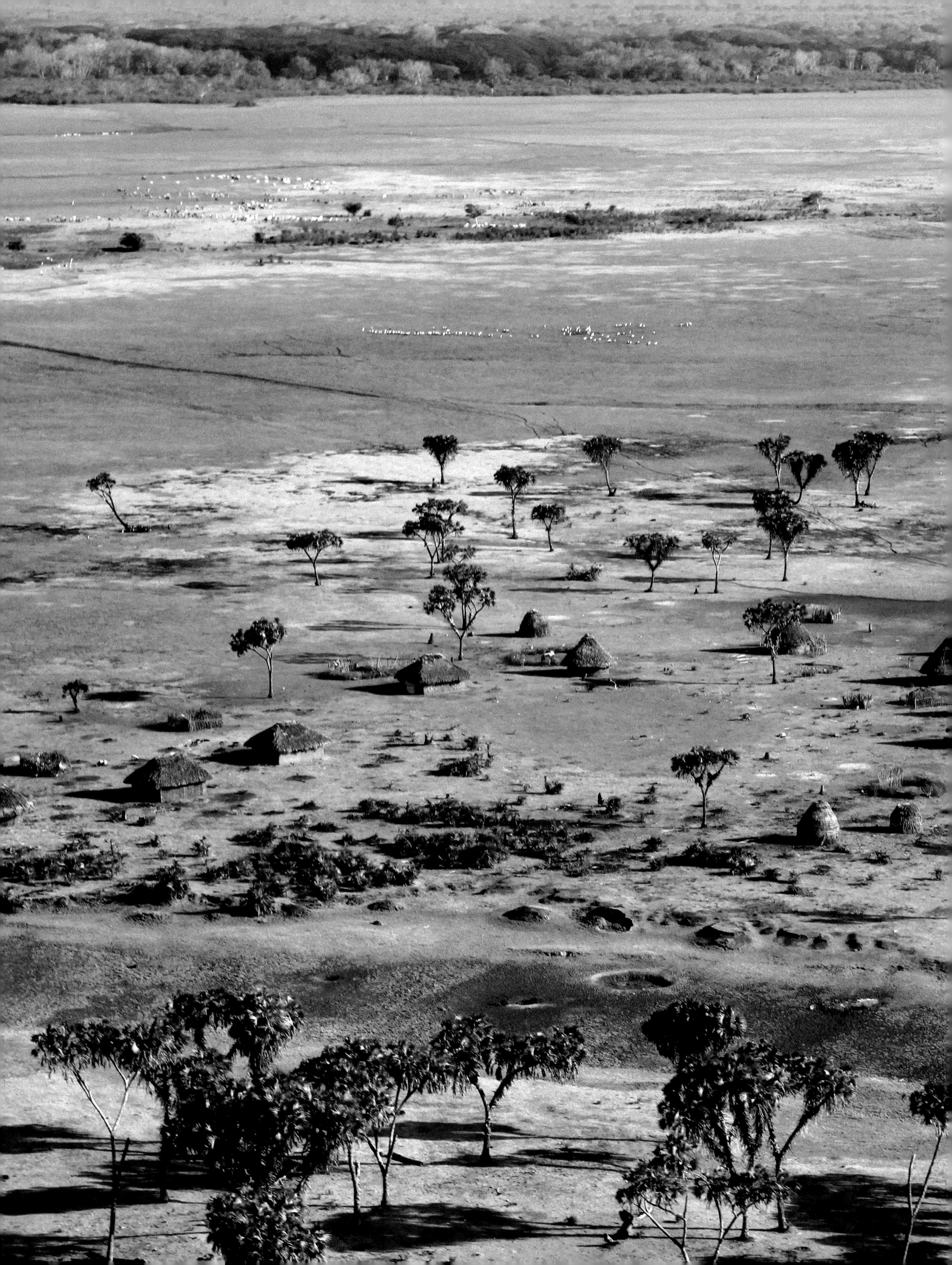

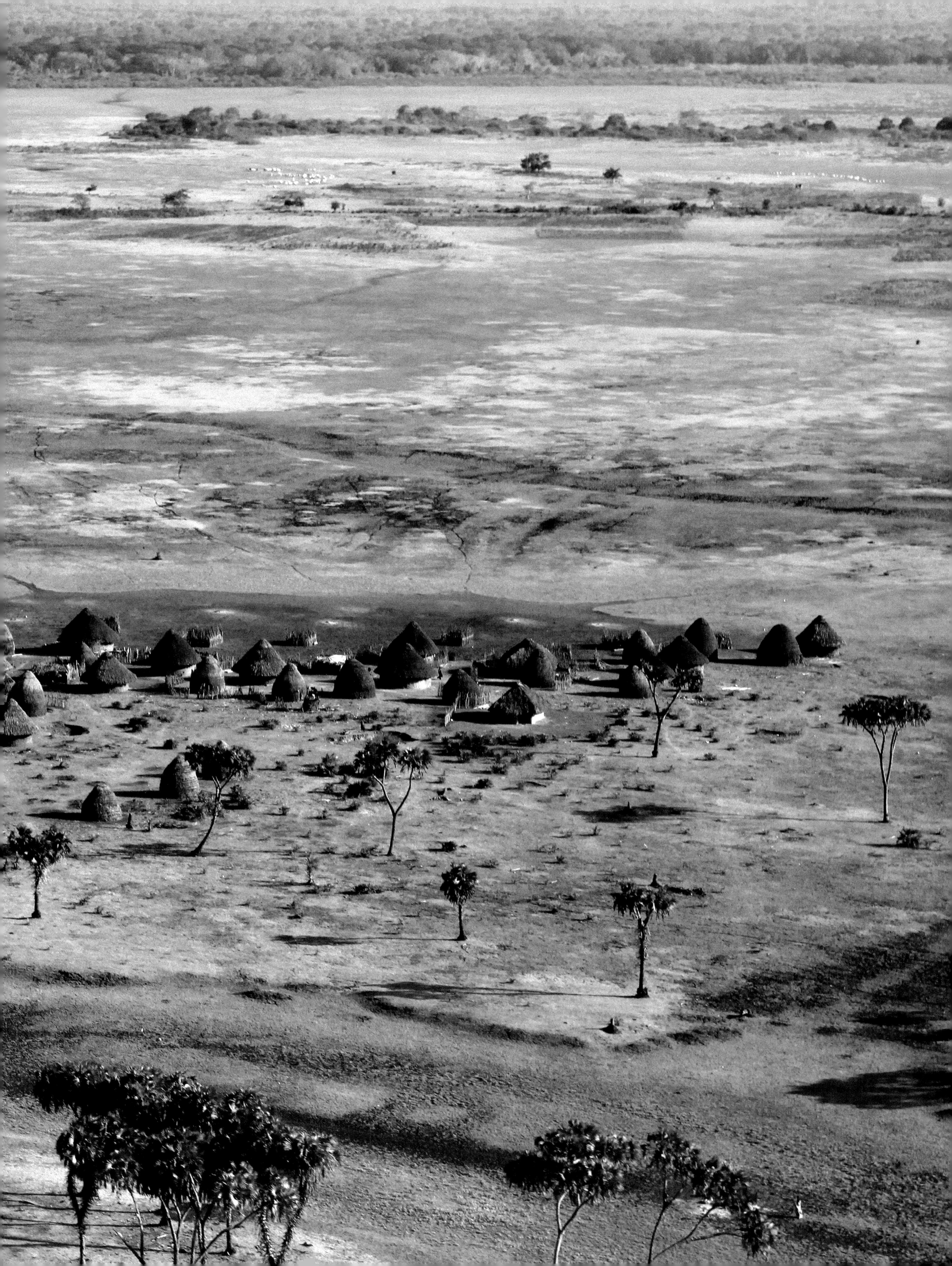

Orma, Kenia/Kenya

Orma, Kenia/Kenya

Orma, Kenia/Kenya

Orma, Kenia/Kenya

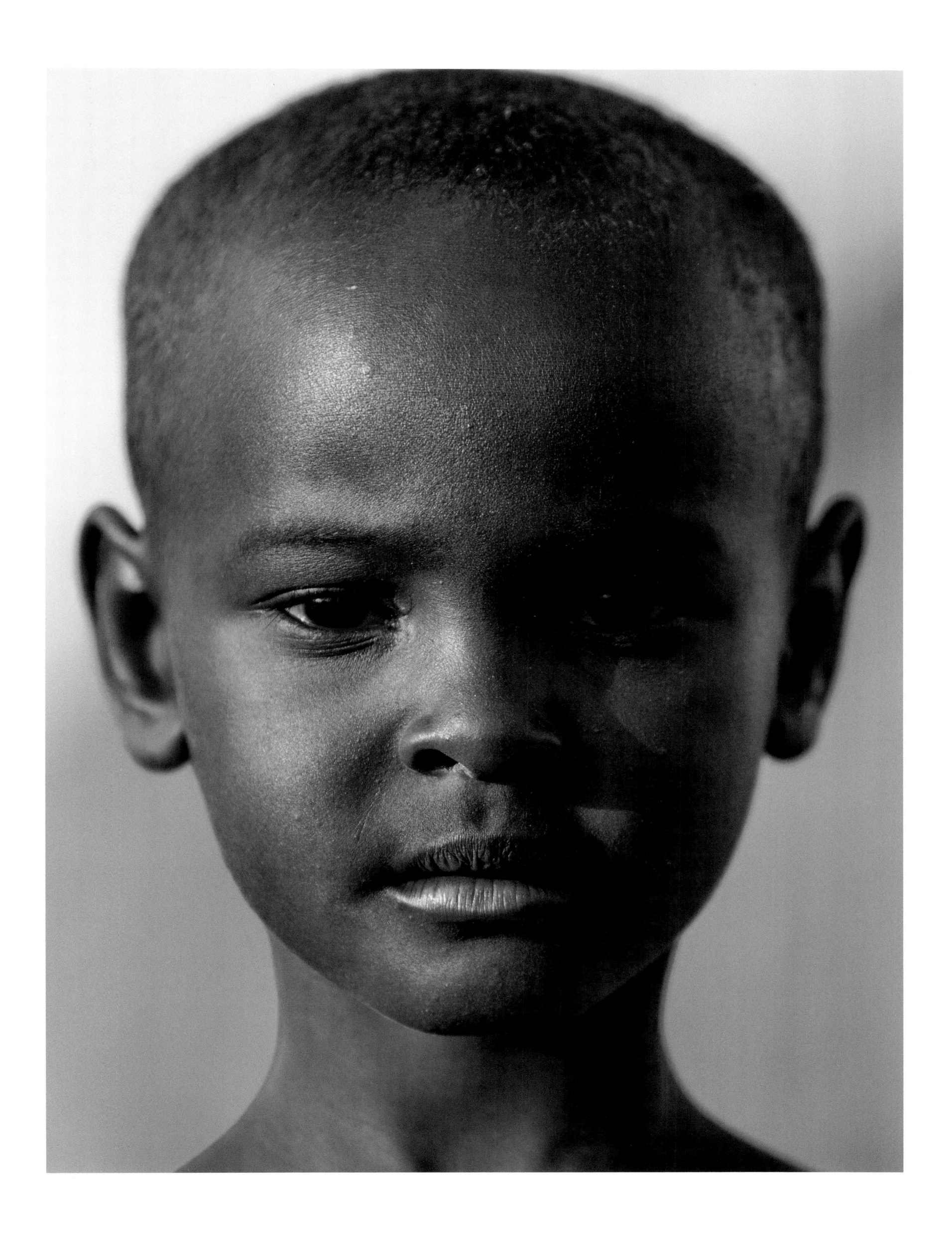

Orma, Kenia/Kenya

Orma, Kenia/Kenya

Orma, Kenia/Kenya

Orma, Kenia/Kenya

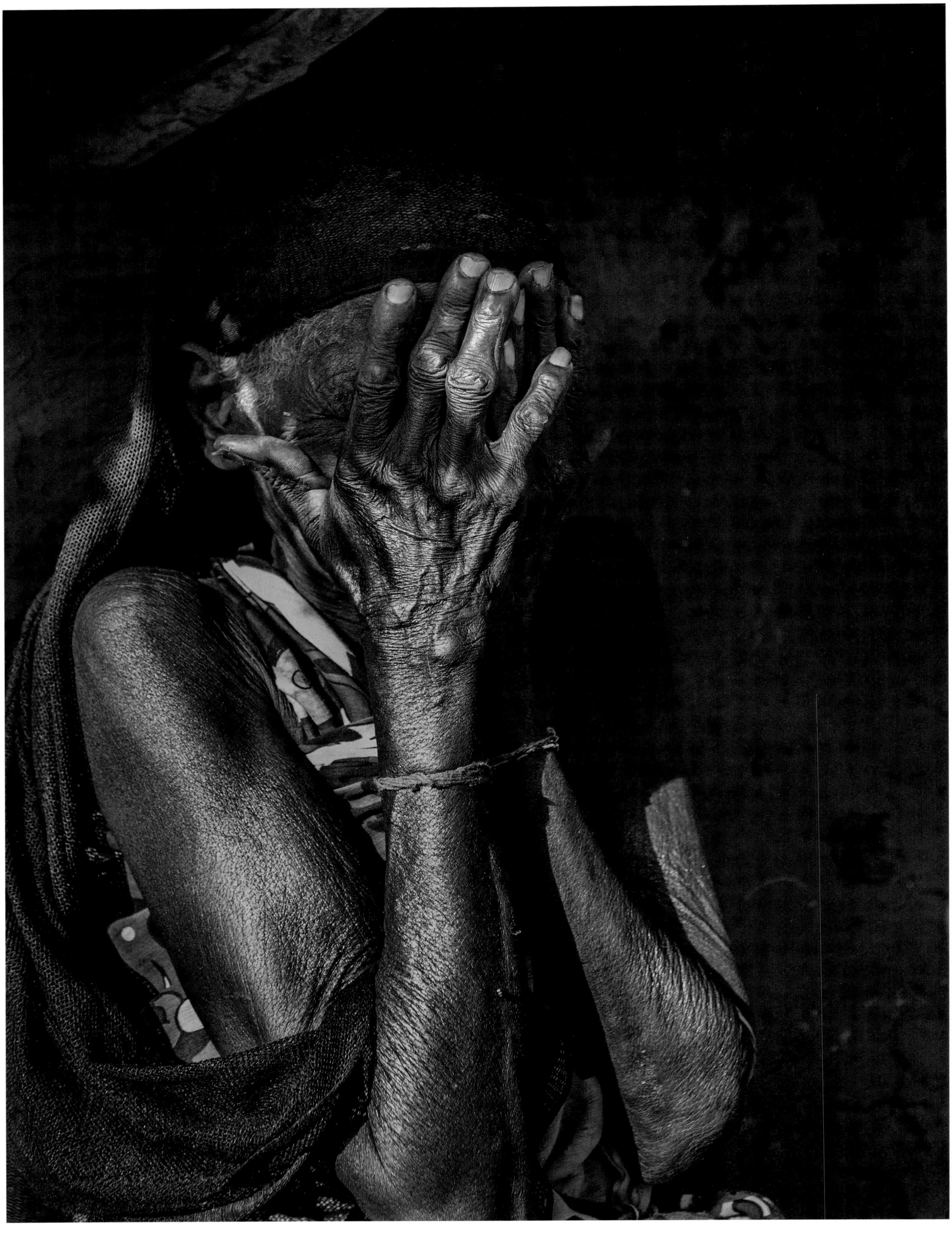

Orma, Kenia/Kenya

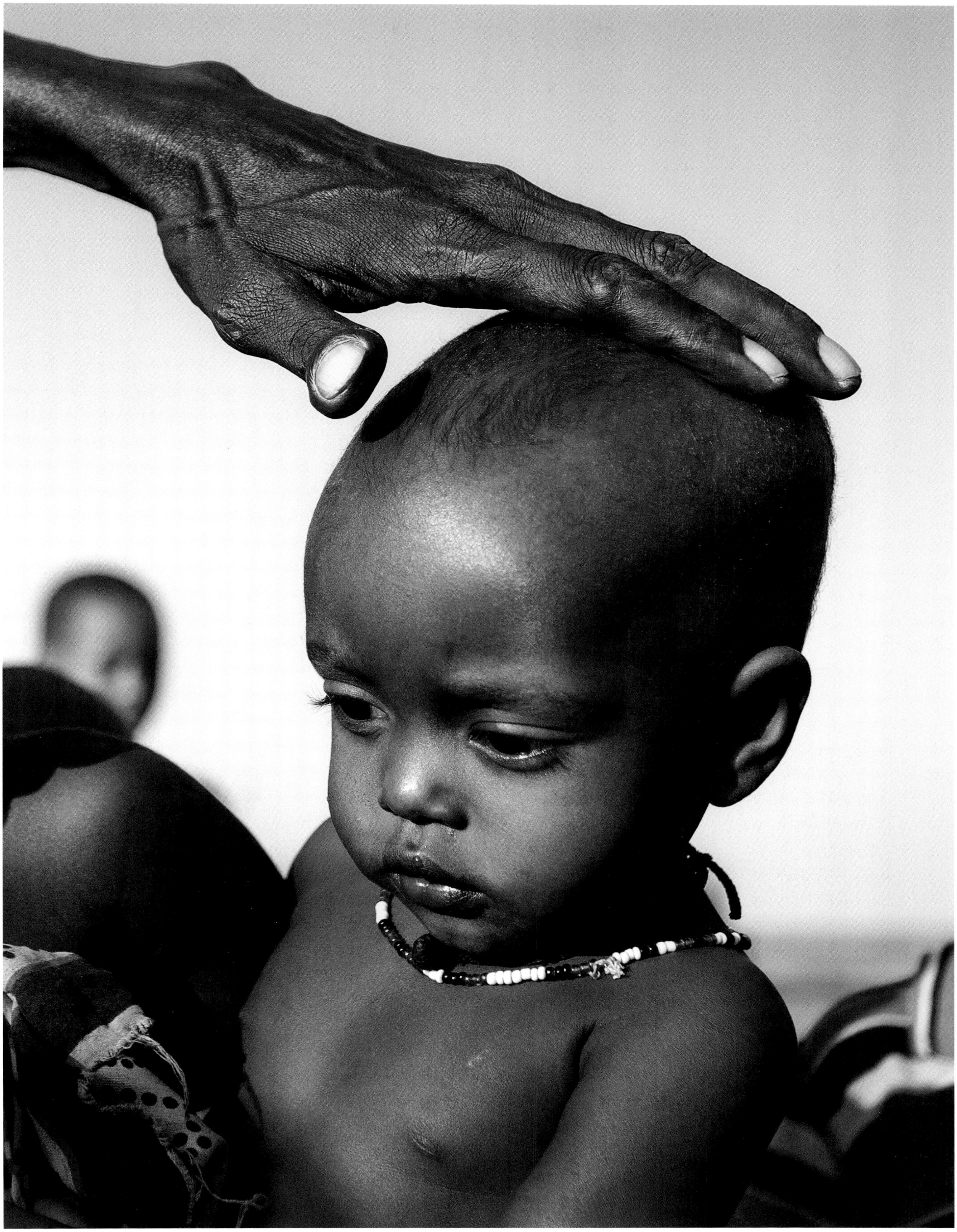

Orma, Kenia/Kenya

Orma, Kenia/Kenya

Orma, Kenia/Kenya

Orma, Kenia/Kenya

Orma, Kenia/Kenya

Dorf der Orma/Village of the Orma, Kenia/Kenya

> Nilkrokodile/Nile Crocodiles, Südäthiopien/Southern Ethiopia

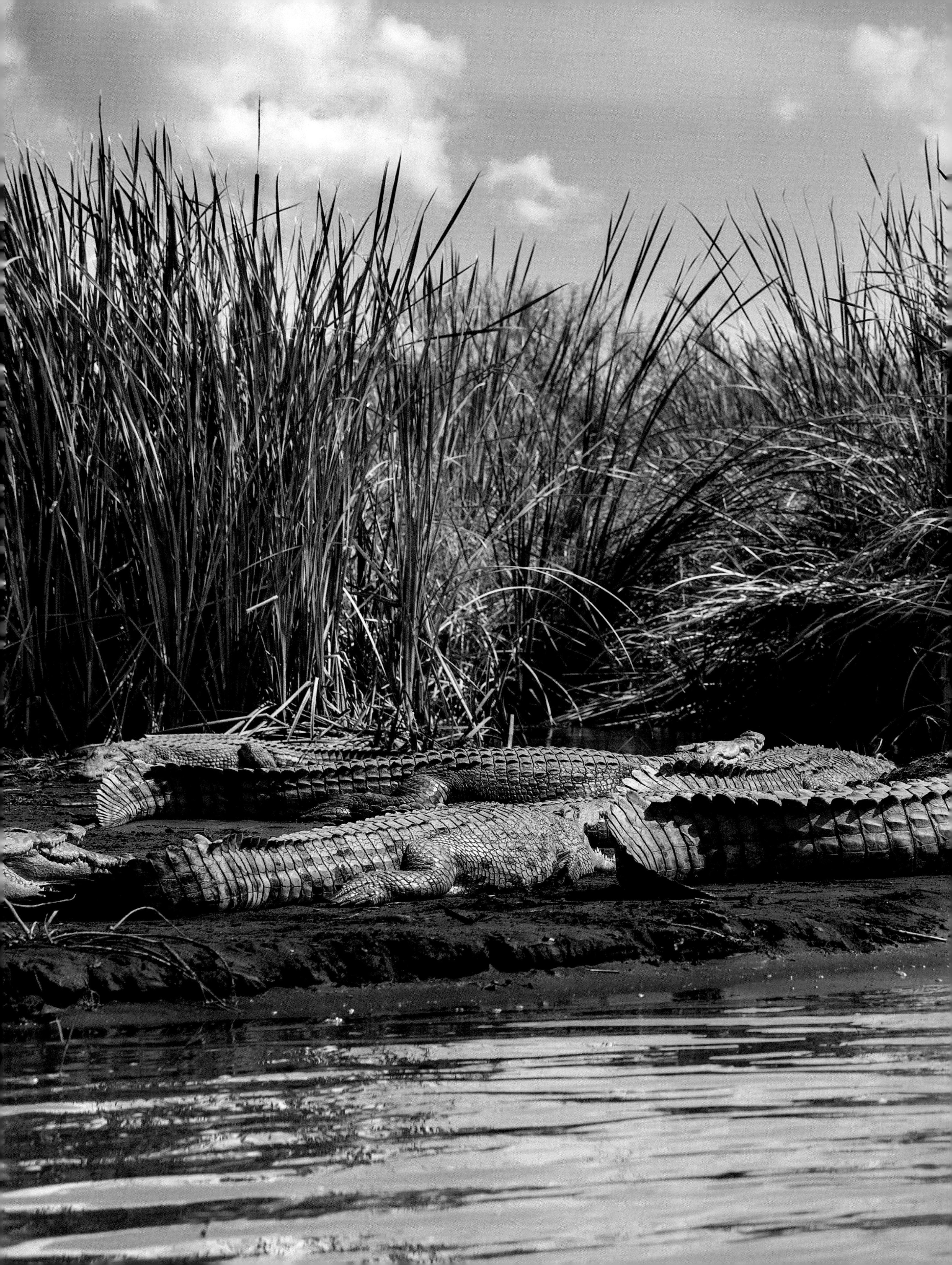

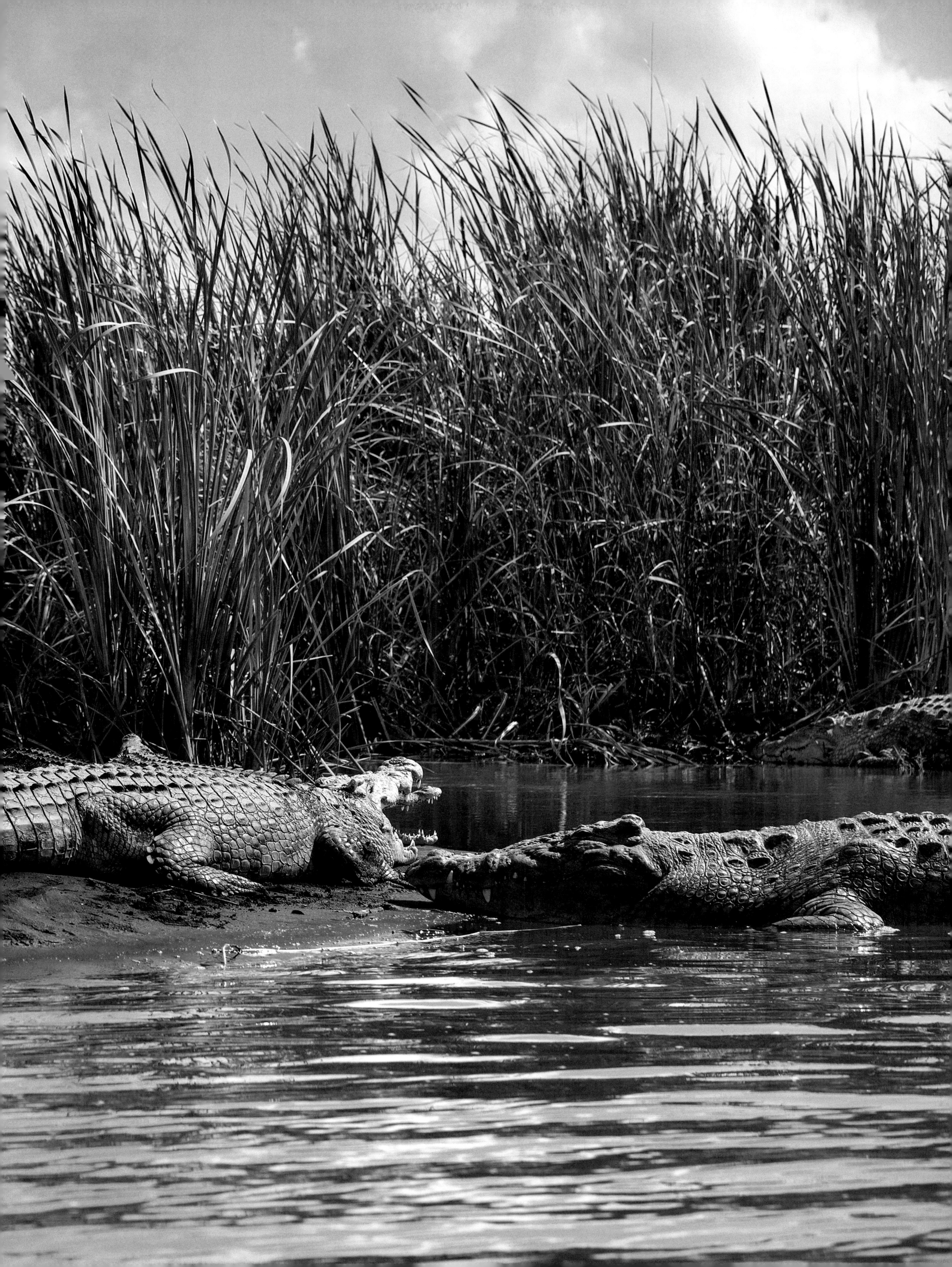

Turkana, Kenia/Kenya

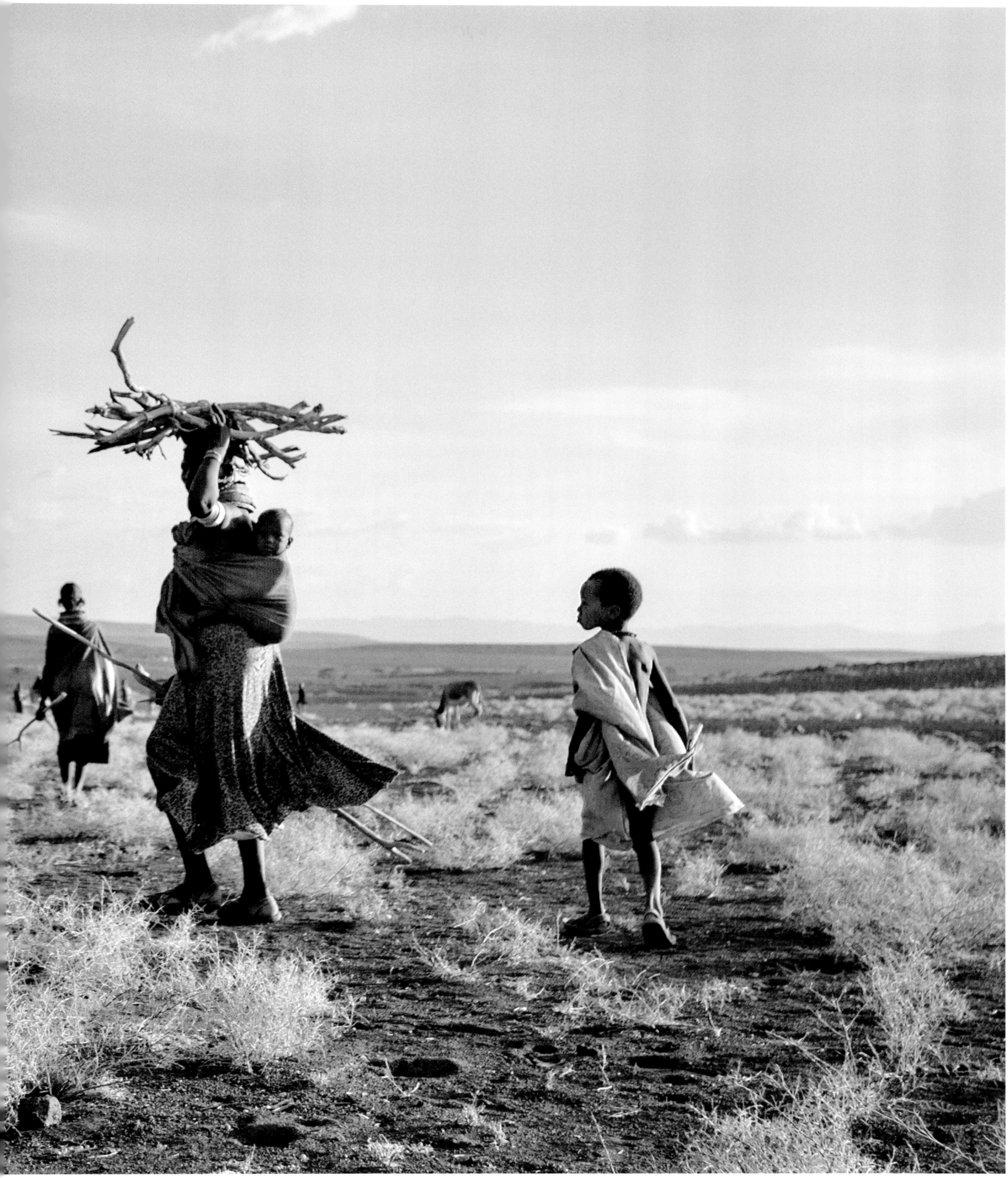

Turkana, Kenia/Kenya

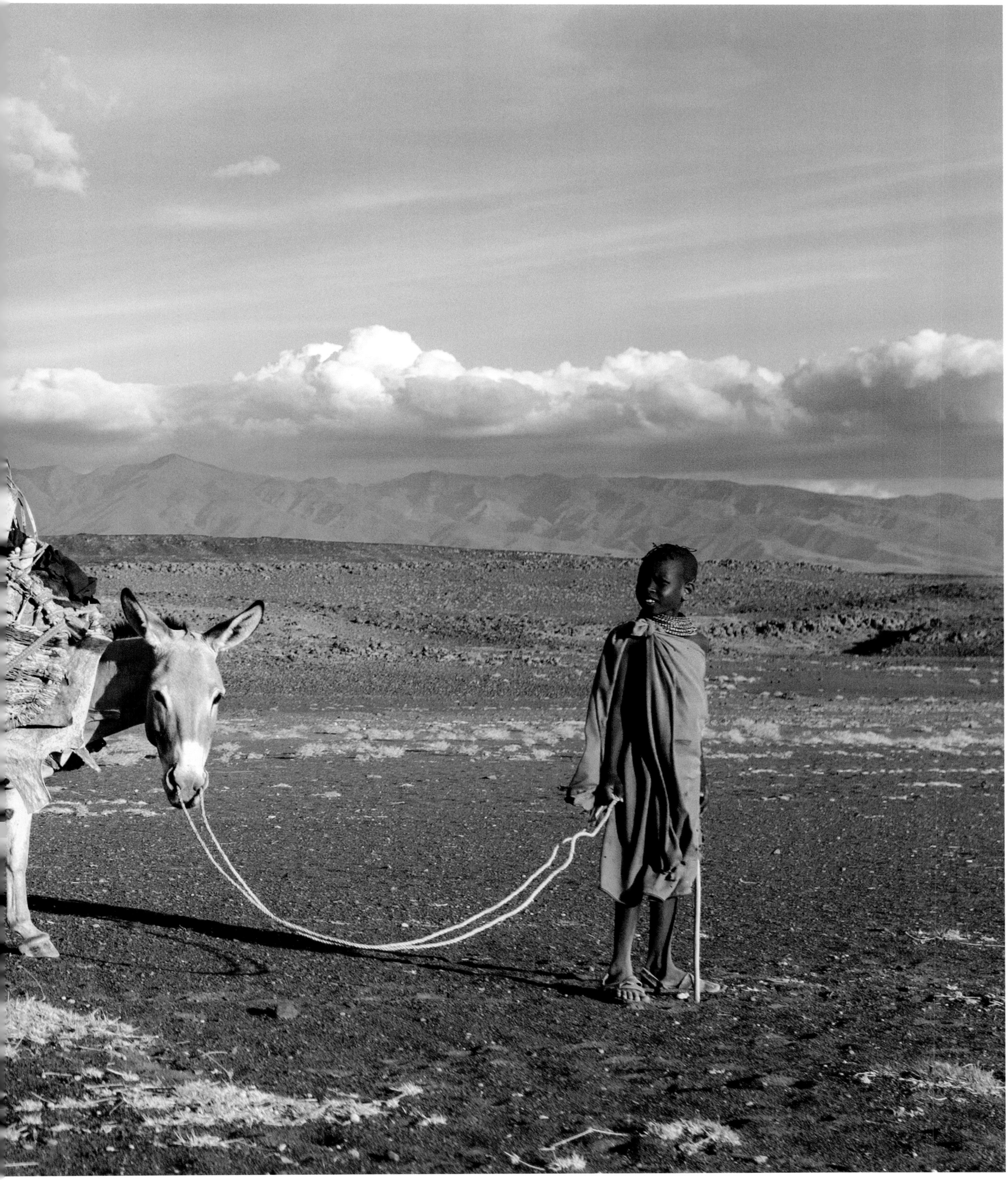

Turkana, Kenia/Kenya

Turkana, Kenia/Kenya

Turkana, Kenia/Kenya

Turkana, Kenia/Kenya

Turkana, Kenia/Kenya

Turkana, Kenia/Kenya   > Elefant/Elephant, Kenia/Kenya   175

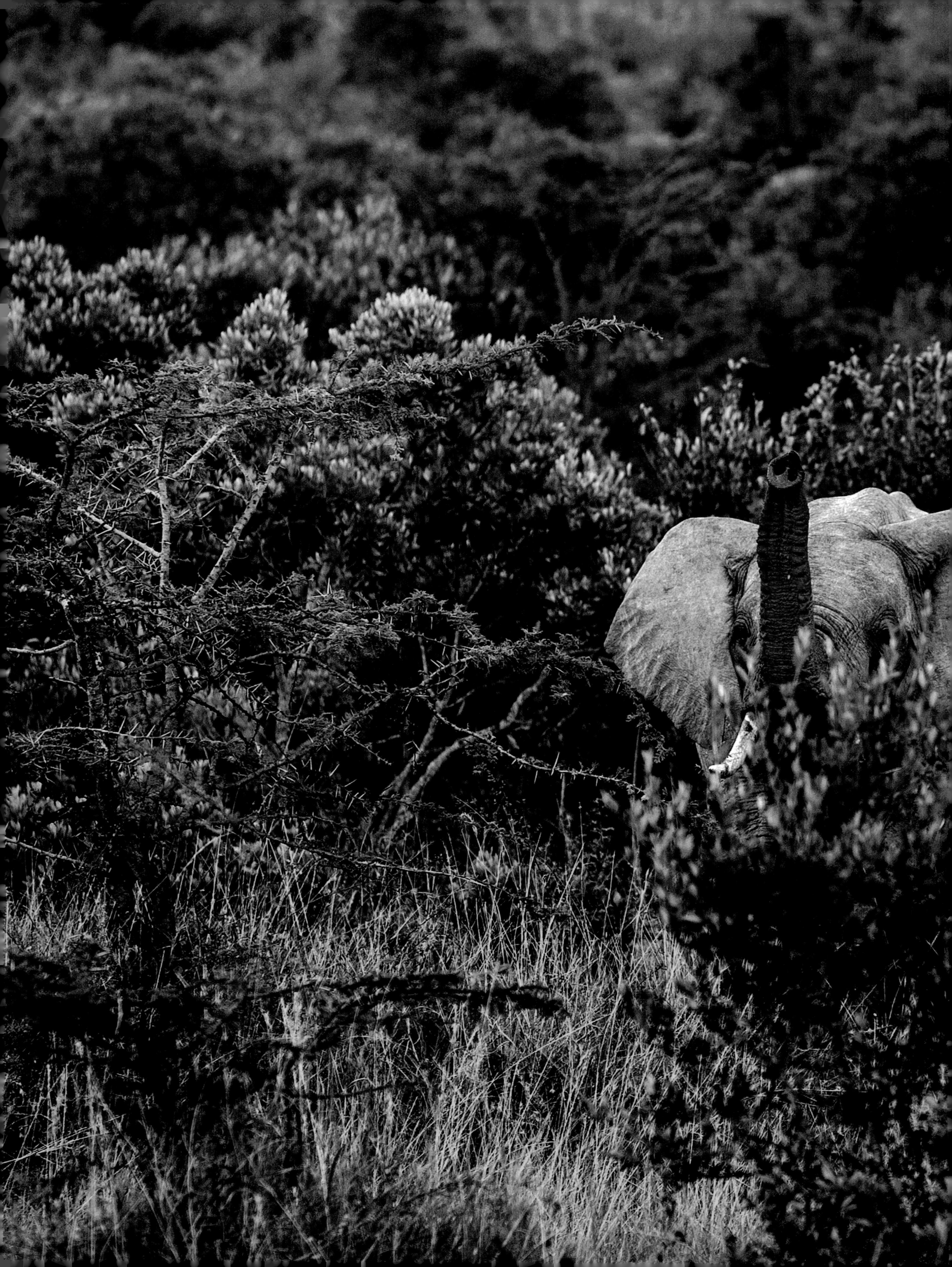

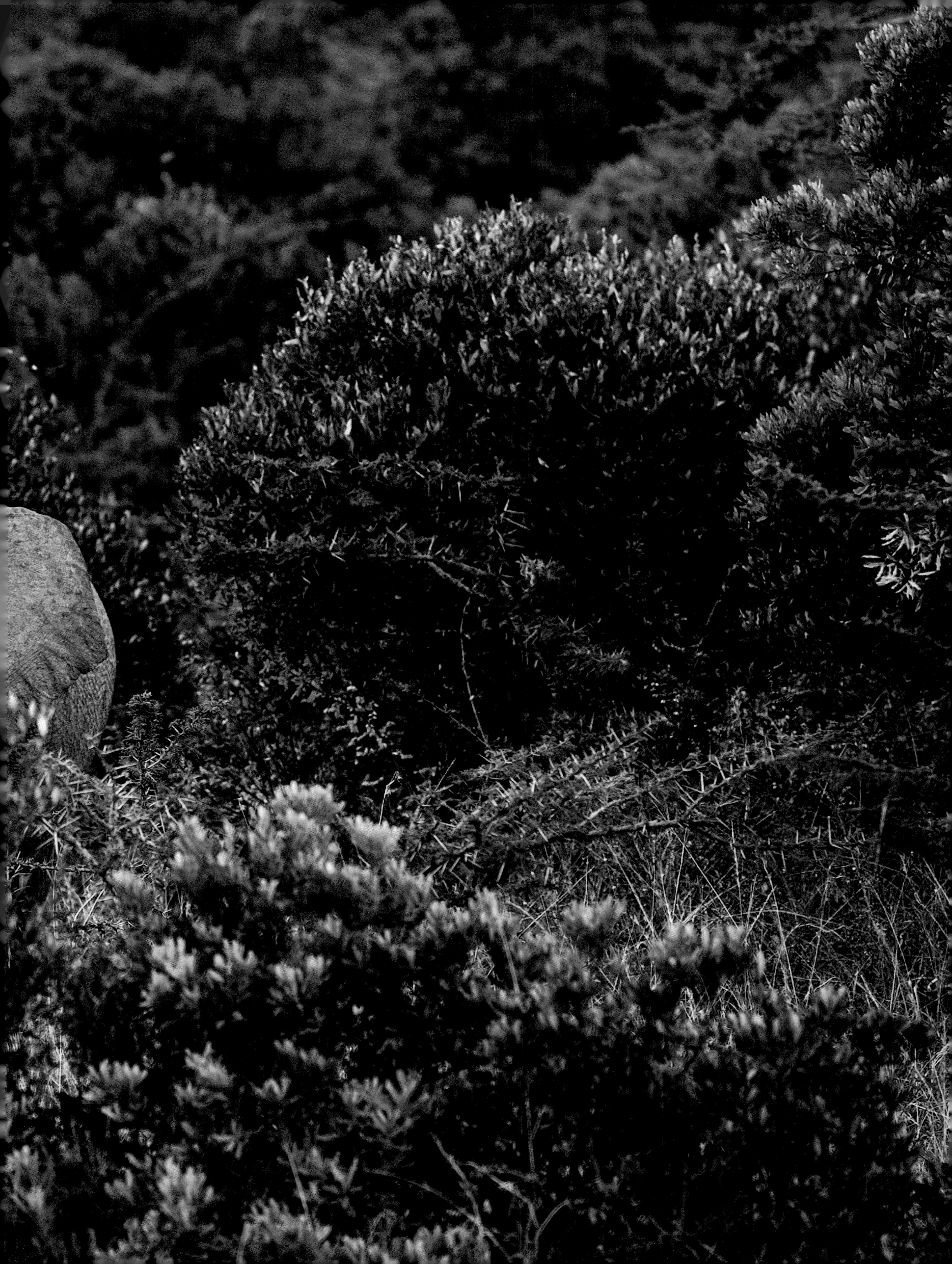

Kikuyu, Kenia/Kenya

Kikuyu, Kenia/Kenya 179

Kikuyu, Kenia/Kenya

> Great Rift Valley, Kenia/Kenya

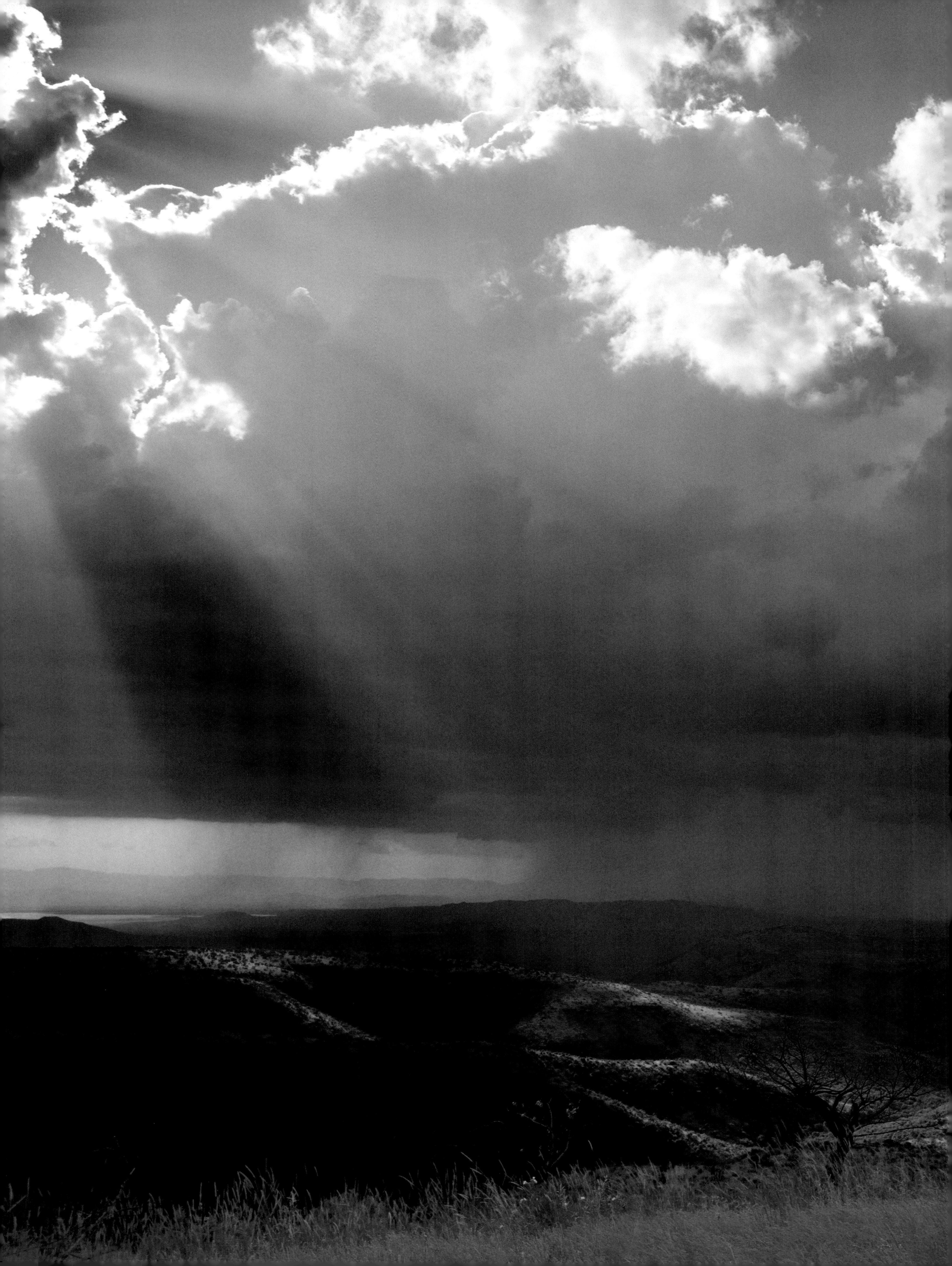

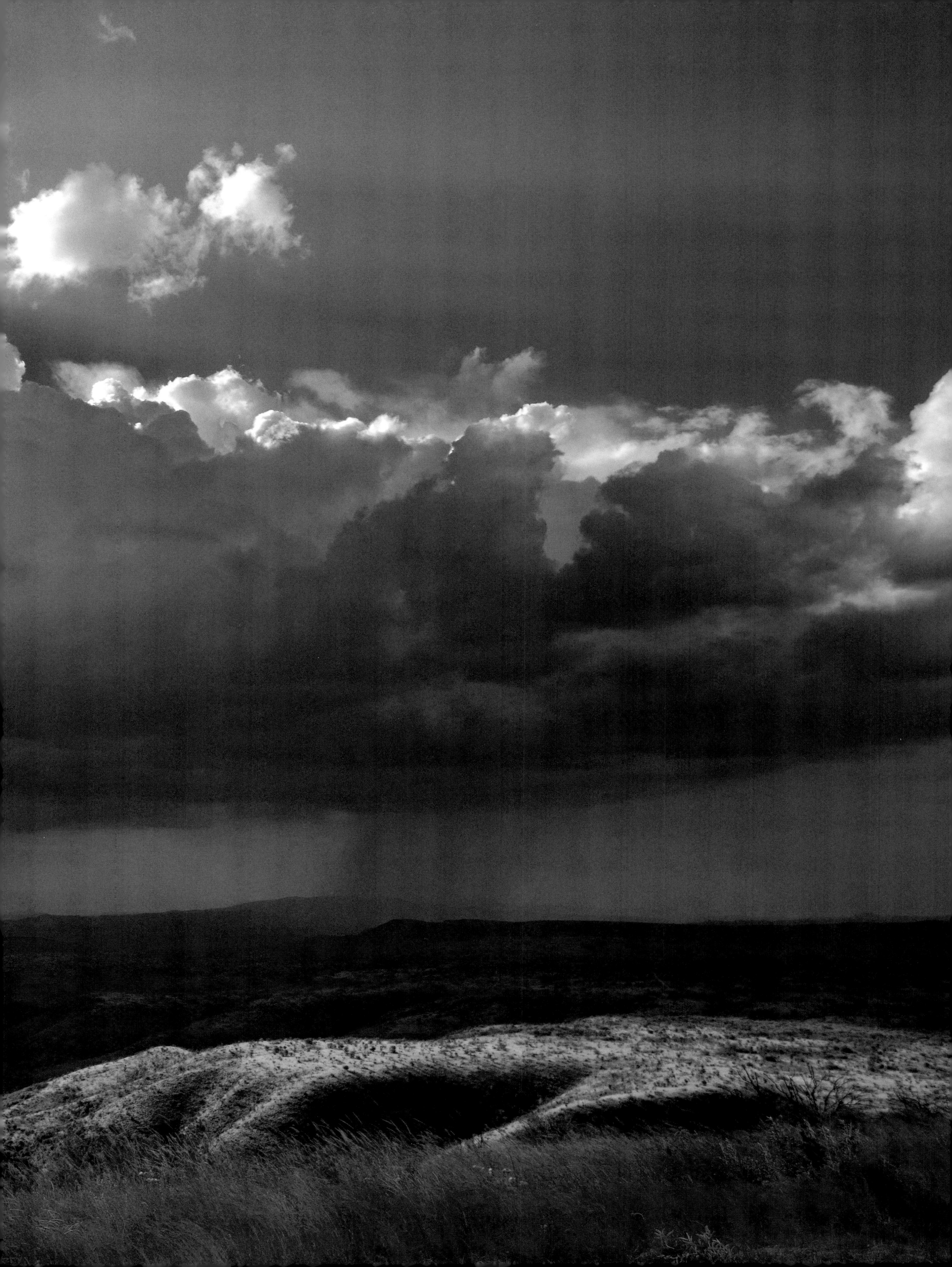

Pokot, Kenia/Kenya

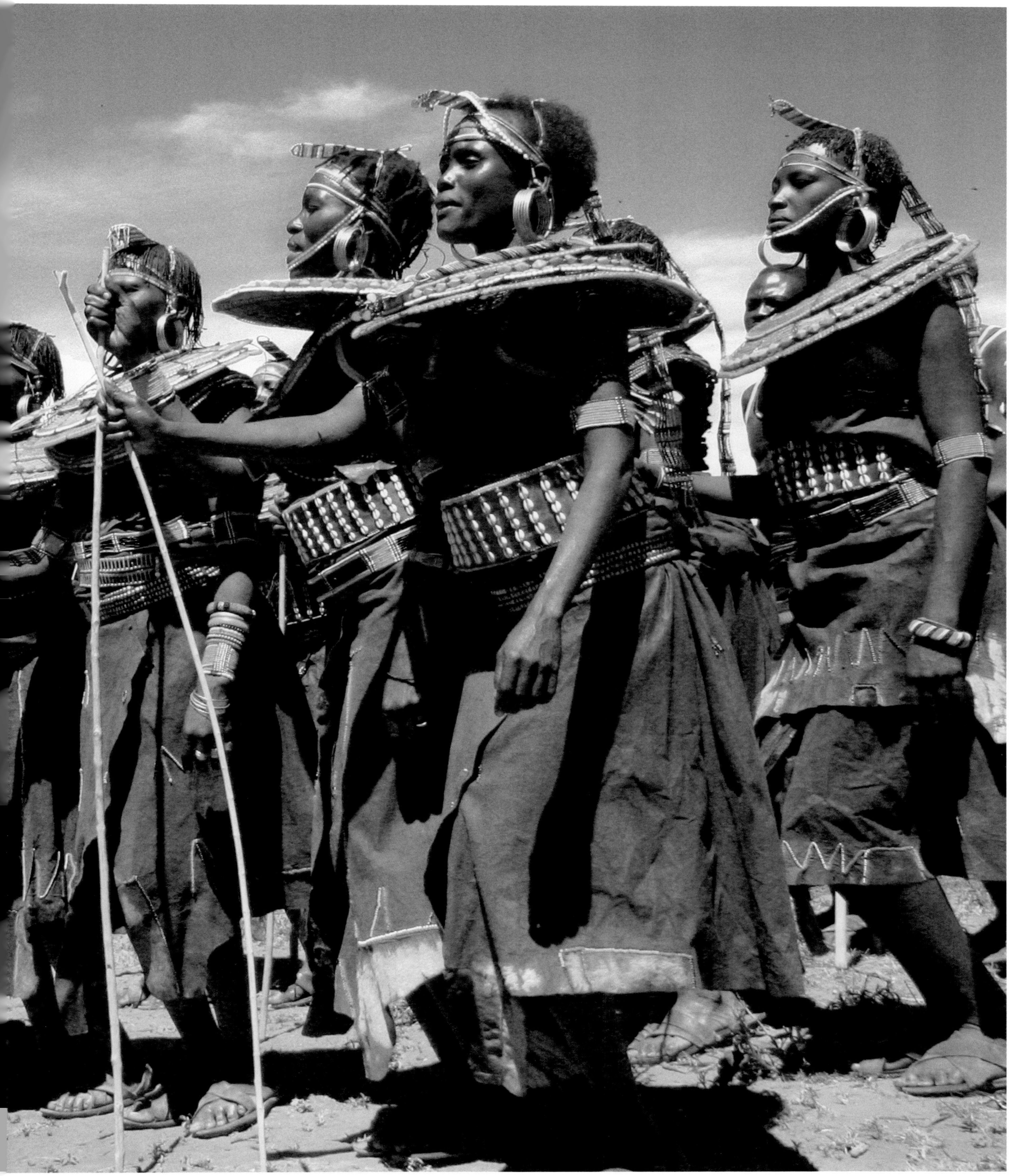

Pokot, Kenia/Kenya

Pokot, Kenia/Kenya

Pokot, Kenia/Kenya

Pokot, Kenia/Kenya > Dauen in Lamu/Dhows in Lamu, Kenia/Kenya

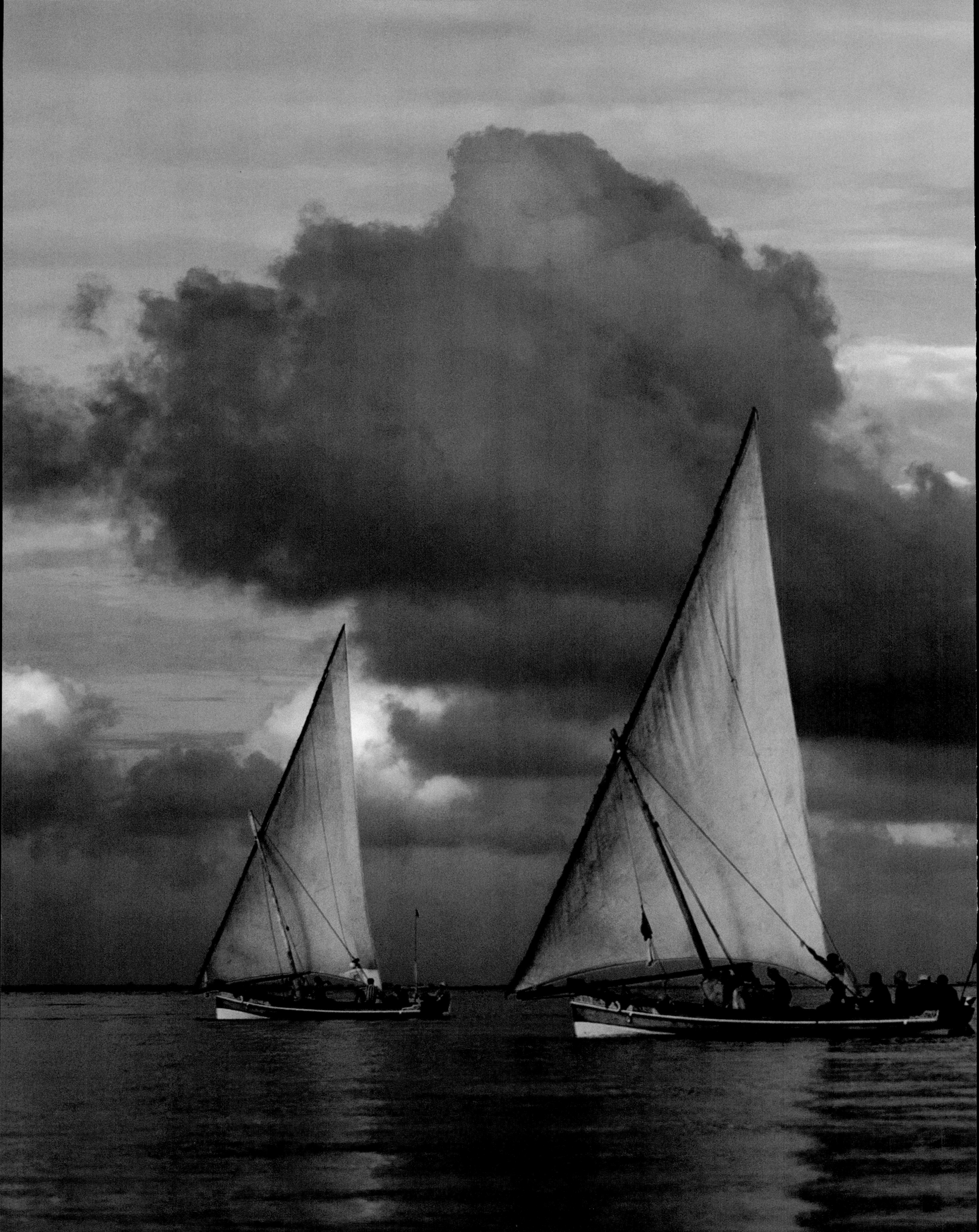

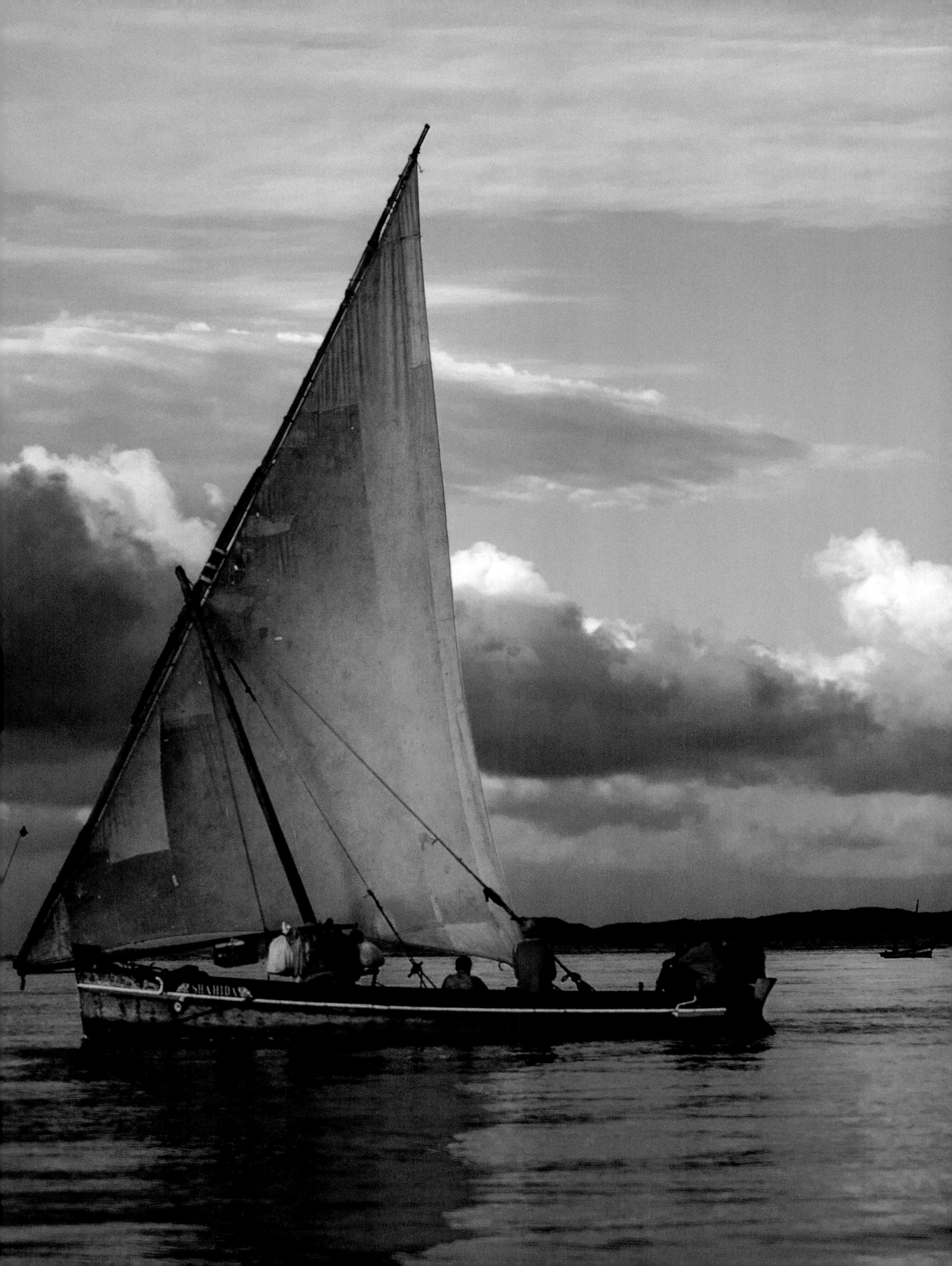
SHAHIDA

Lamu, Kenia/Kenya

Lamu, Kenia/Kenya

Lamu, Kenia/Kenya

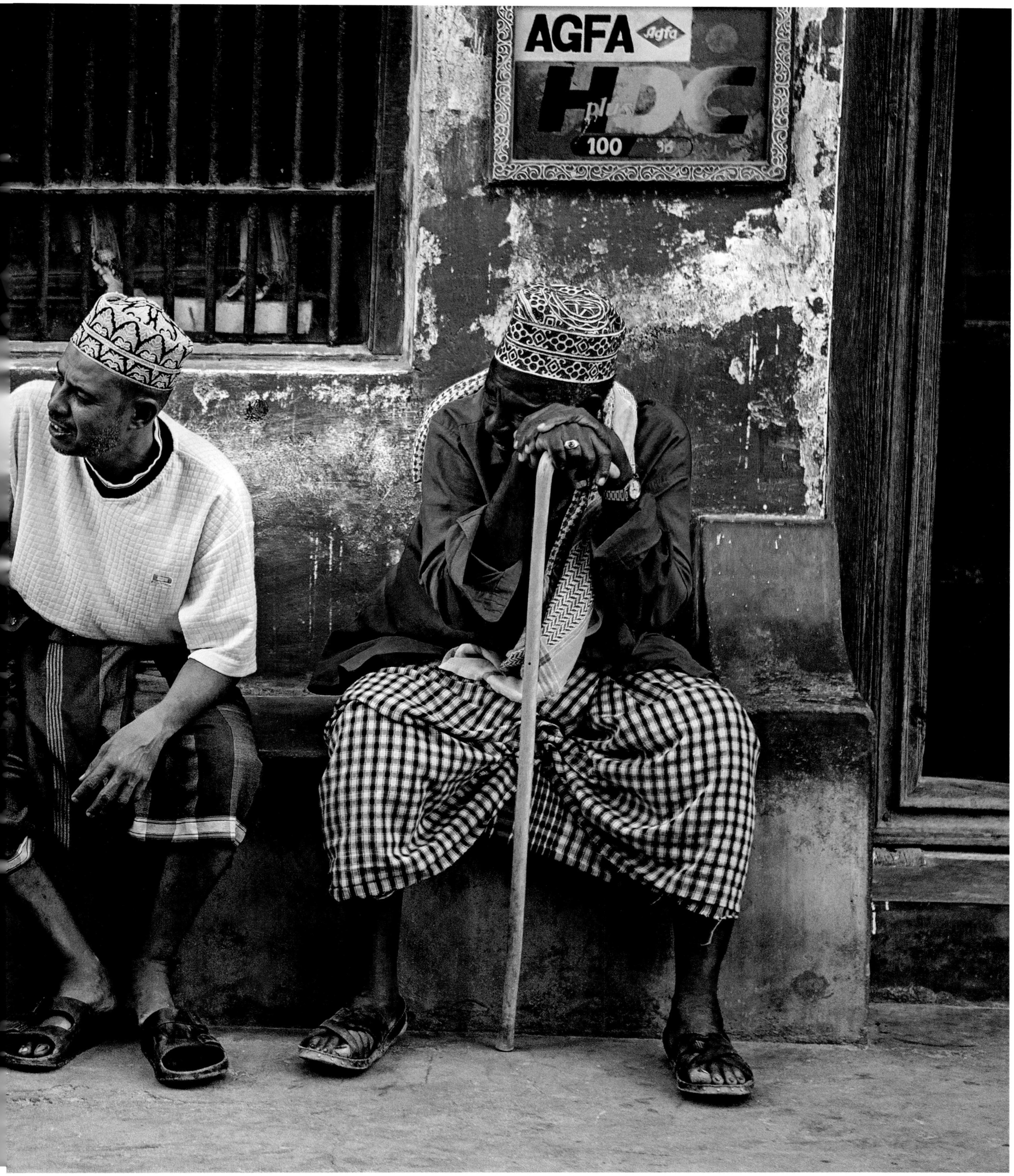
AGFA
Agfa
HDC
plus
100

Lamu, Kenia/Kenya

Lamu, Kenia/Kenya

Lamu, Kenia/Kenya

Lamu, Kenia/Kenya

Lamu, Kenia/Kenya

Lamu, Kenia/Kenya

Lamu, Kenia/Kenya

Lamu, Kenia/Kenya

Lamu, Kenia/Kenya

Lamu, Kenia/Kenya

Lamu, Kenia/Kenya

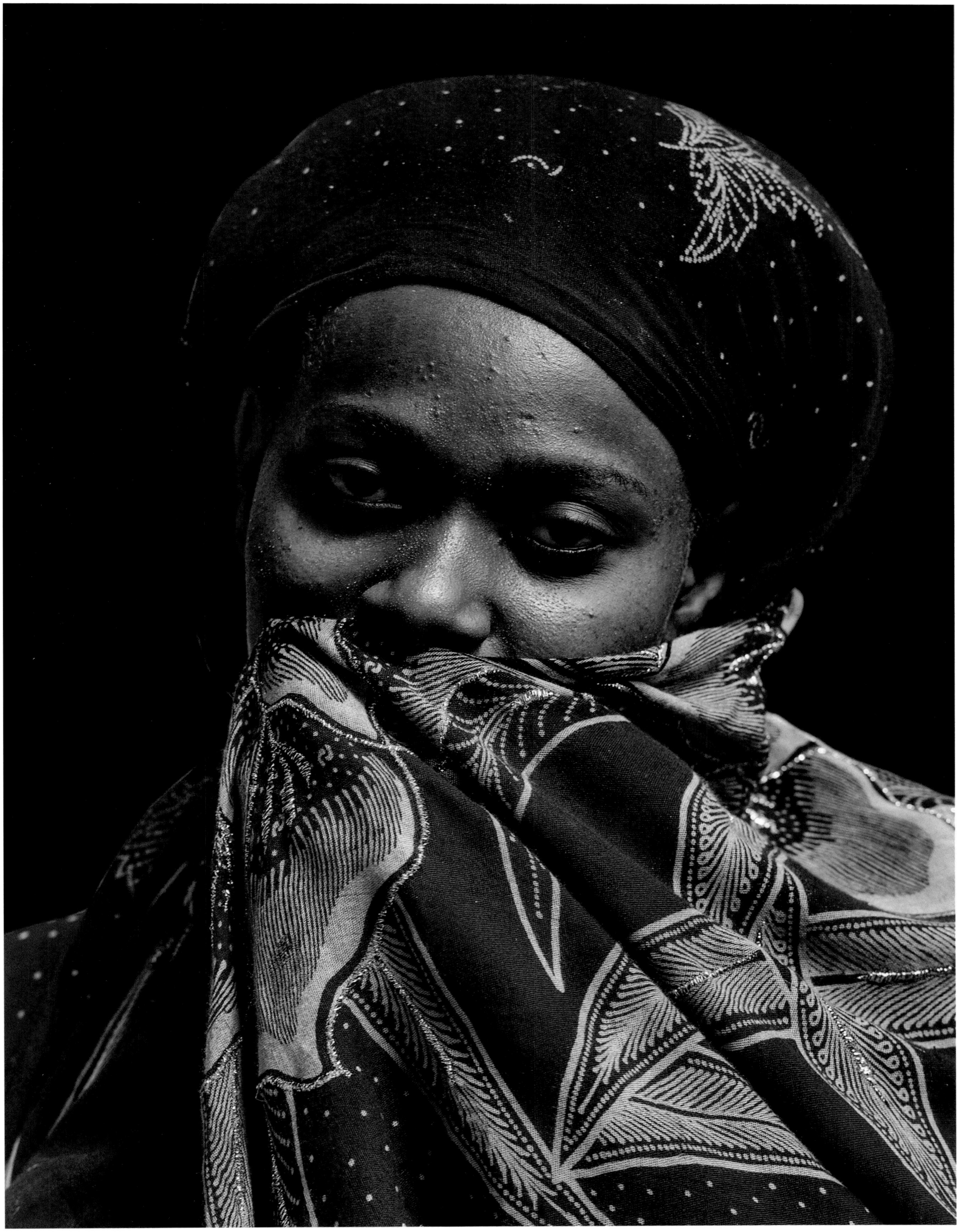

Lamu, Kenia/Kenya

Lamu, Kenia/Kenya

Junge am Awassa-See/Boy at Lake Awassa, Äthiopien/Ethiopia   > Marabus am Awassa-See/Marabous at Lake Awassa, Äthiopien/Ethiopia

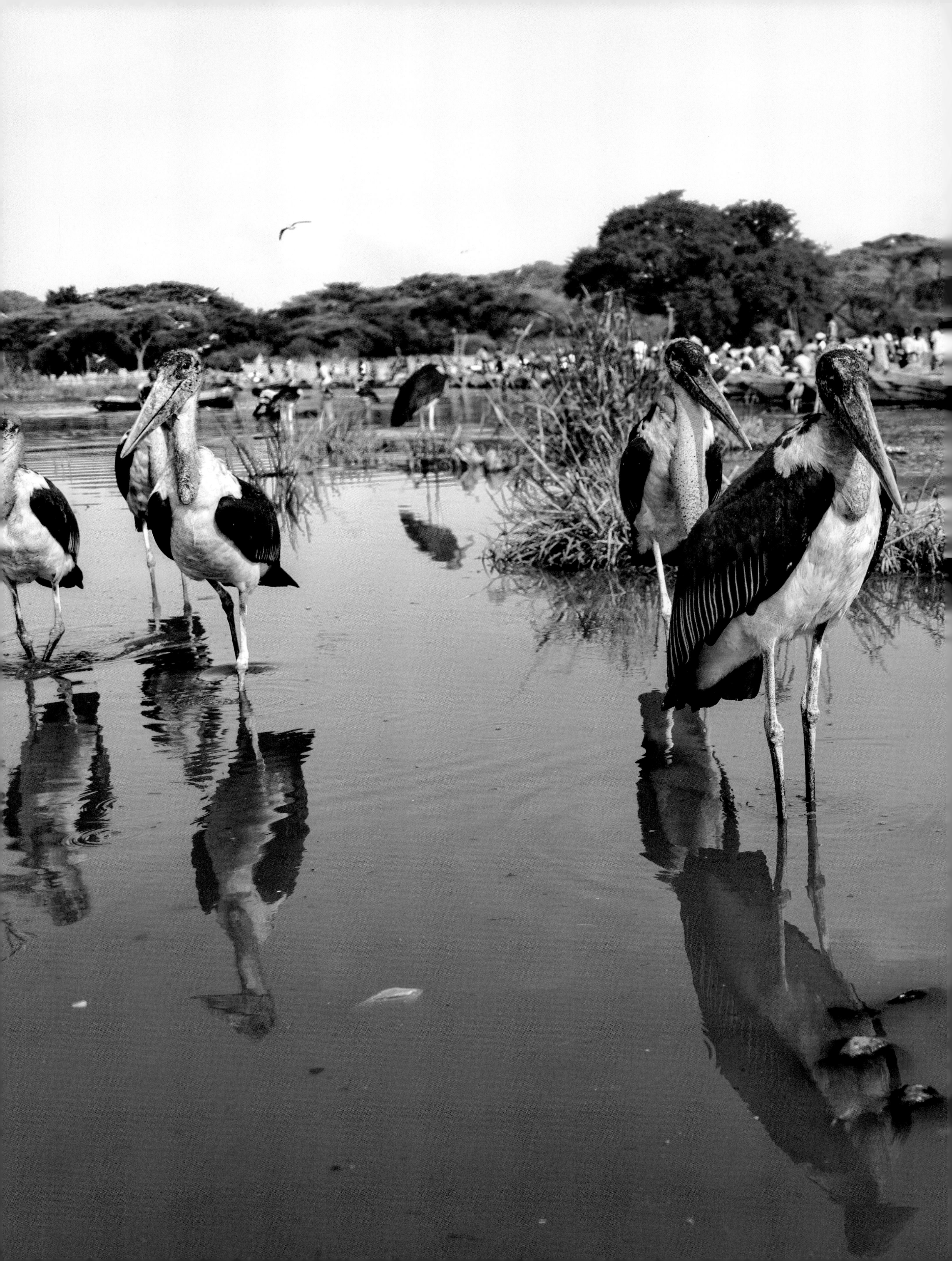

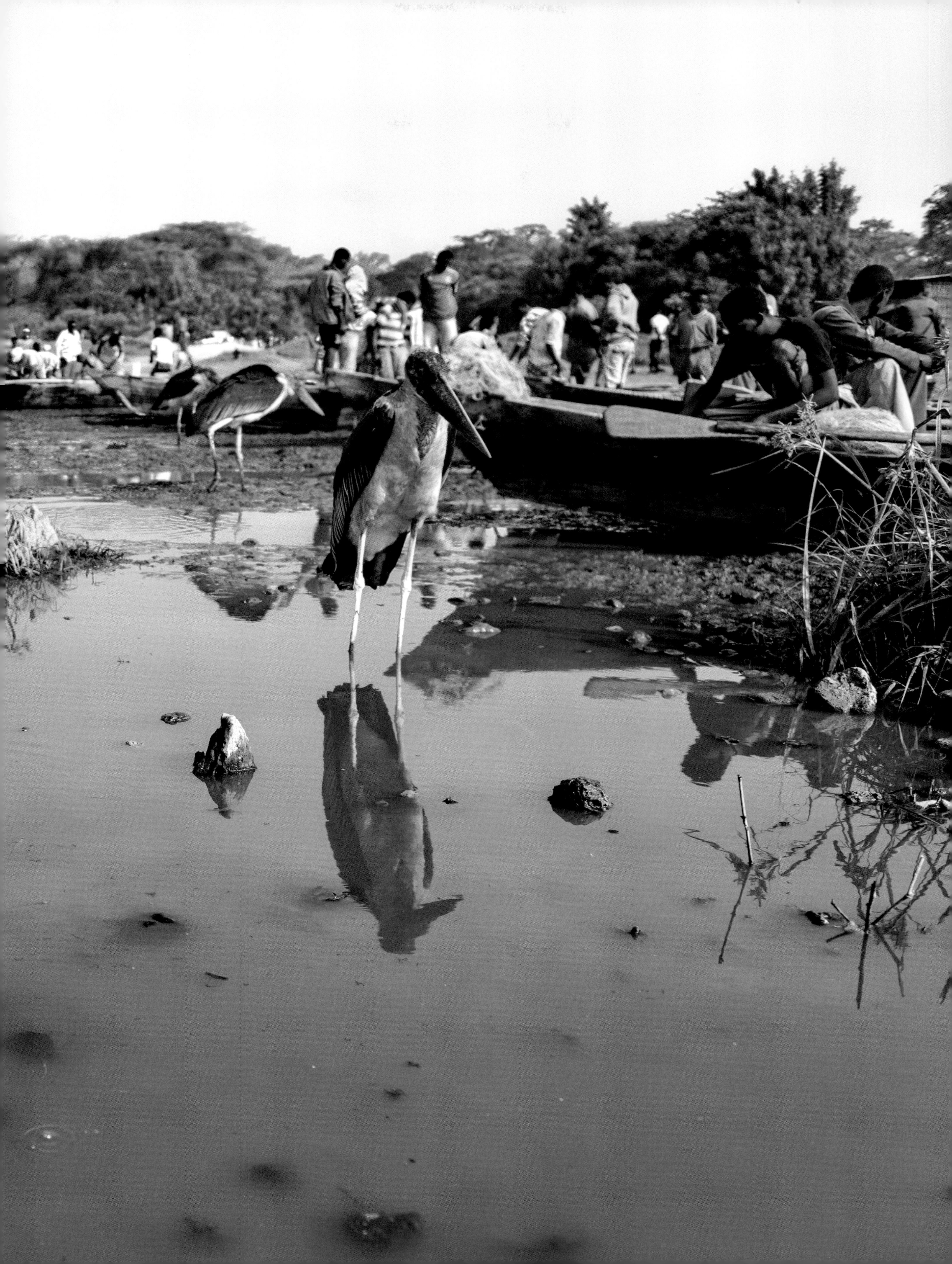

DIE STÄMME / THE TRIBES

Dassanech

Der Stamm der Dassanech zählt zu den ärmsten Stämmen des gesamten Gebietes. Seine Mitglieder leben im Südwesten Äthiopiens und im Nordosten Kenias. Sie haben auf ihrem Land sowohl langanhaltende Dürren als auch schwere Überschwemmungen erlebt. 2006 sind während Überflutungen nicht weniger als 100 Stammesmitglieder ums Leben gekommen. Die Dassanech sind seit jeher ein Hirtenvolk. Die harten Lebensbedingungen bedeuten jedoch auch, dass sie ständig Gefahr laufen, ihre Herden aufgrund einer Dürre oder Krankheit zu verlieren. Diese missliche Lage lässt ihnen wenig andere Möglichkeiten, als immer wieder an den Turkana-See zurückzukehren, um dort zu fischen oder Krokodile zu jagen, was bei dem in diesem Gebiet vorherrschenden semiariden Klima mit weit weniger Risiken verbunden ist. Wenn die Regenzeit beginnt und der Fluss Omo über die Ufer tritt, bauen die Dassanech robuste Getreidesorten wie Sorghum und Mais an. Dennoch sind sie seit einigen Jahren immer häufiger auf Lebensmittellieferungen von außen angewiesen. Bei den Dassanech sind sowohl Männer als auch Frauen beschnitten. Ihre wichtigste Zeremonie ist das Dime-Ritual: Während mehrerer Wochen werden Männer beschnitten, deren Töchter die Pubertät erreicht haben und kurz vor ihrer Hochzeit stehen. Die Dime-Zeremonie findet immer während der Trockenzeit statt, wenn Nahrung und Wasser knapp sind. Für das Fest werden ca. 20 bis 30 Rinder oder kleinere Tiere geschlachtet, Männer und Frauen feiern gemeinsam und tanzen, mit Fellumhängen bekleidet, bis tief in die Nacht.

The Dassanech tribe is among the poorest tribes in the area. They live in southwest Ethiopia and northeastern Kenya. Their lands have seen both long-term droughts and severe flooding. In 2006 flooding killed as many as 100 of their people. Traditionally the Dassanechs are cattle herders. Harsh living conditions, however, imply that they are at constant risk of losing their herds to drought or disease. This predicament leaves few other options than to turn to Lake Turkana for fishing and crocodile hunting. To make a living by hunting or fishing on the lake is often more sustainable than herding cattle, a practice much more vulnerable to the semi-arid climate in the area. When the rains arrive and the Omo river floods, the Dassanechs plant staple crops such as sorghum and maize. And yet, in recent years, the Dassanechs have become more dependent on food supplements from the outside. Both Dassanech men and women are circumcised. Indeed, it is as much the practice of circumcision as ethnicity that defines the tribe. Dassanech girls are prevented from marrying if they are not circumcised. The most important ceremony to the Dassanechs is the Dime: during several weeks males are circumcised, whose daughters have reached puberty and will soon be married. The Dime always takes place during the dry season when food and water are scarce. 20 to 30 cattle or smaller animals are slaughtered during the festivity and both men and women join the celebration and dance in fur capes late into the night.

Hamar

Die Hamar leben im Hügelland an den östlichen Ufern des Omo, sie sind Rinderhirten und betreiben Landwirtschaft. Aufgrund ihrer berühmten Tradition des Rindersprungs, ein Initiationsritual, an dem sich junge Männer und Frauen beteiligen, sind sie einer der bekanntesten Stämme in Südäthiopien. Um seine Geschicklichkeit zu beweisen und symbolisch vom Jugend- in das heiratsfähige Erwachsenenalter überzutreten, muss ein junger Mann mehrmals nackt über die Rücken von in einer Reihe stehenden 10 bis 20 Bullen rennen, ohne zu stürzen. Typisch für die Hamar ist die traditionelle Haartracht. Während Männer oft Kopfschmuck mit symbolischer Bedeutung tragen, flechten sich Frauen kleine Zöpfe, die mit rotem Ton eingefärbt werden. Ebenso typisch sind Ringe und Perlenketten in leuchtenden Farben, die das Haar schmücken oder um Hüfte und Arme getragen werden. Skarifizierungspraktiken zur Verzierung der Körper sind üblich. Einige der Frauen tragen runde Keil-Halsringe als Zeichen, dass sie verheiratet sind.

The Hamar live in hills on the eastern side of the Omo River, they are cattle herders and practice agriculture. They are one of the best-known tribes in Southern Ethiopia, especially because of their renowned tradition of bull jumping, a rite of passage for both young men and women. To test their agility and to symbolically trespass from youth to nubile adulthood young men have to run naked several times over the backs of a line of 10 to 20 bulls without falling. The Hamar have typical hairstyles. While men often wear headdresses with symbolic meaning, women weave small braids that are stained with red clay. Colorful bracelets and beads in their hair and around their waists and arms are also typical. Body modification practices are common. Some of the women wear circular wedge necklaces to signal that they are married.

Karo

Der Stamm der Karo ist mit einer geschätzten Zahl von nur 1.000 bis 3.000 Angehörigen verhältnismäßig klein. Die Karo leben an den östlichen Ufern des Omo, wo sie als Subsistenzbauern Sorghum, Mais und Bohnen anbauen. Es besteht eine ethnische Verwandschaft mit den Hamar, die sich u.a. in einer ähnlichen Sprache oder den selben Gebräuchen äußert, so z.B. wird auch bei den Karo das Ritual des Rindersprungs praktiziert. Ebenso kommt es zu Hochzeiten zwischen beiden Stämmen. Ein Karo-Mann kann so viele Frauen heiraten, wie er möchte, so lange er es sich leisten kann, für sie aufzukommen. Die meisten Männer des Stammes haben zwei oder drei Ehefrauen. Zu den Zeremonien bemalen die Karo Körper und Gesicht mit weißem Kalk. Üblicherweise wird der Kalk mit gelbem Stein, rotem Eisenerz und Holzkohle gemischt, um farbige Muster zu erzielen. Körperbemalung hat bei den Karo einen hohen Stellenwert, denn Farben und Muster können Jagderfolg, Tapferkeit oder auch Sieg über einen Feind symbolisieren. Frauen und Männer praktizieren Skarifikation, um gewünschte Ziernarben zu erhalten und dem traditionellen Schönheitsideal zu entsprechen.

The Karo are a relatively small tribe with an estimated population of only 1,000 to 3,000. They are subsistence farmers and live along the east banks of the Omo River where they grow sorghum, maize and beans. An ethnic kinship exists with the Hamar, who amongst other things speak a similar language and practice the same customs, for example the ritual of Bull Jumping. Inter-marriage also takes place between the two tribes. A Karo man can have as many wives as he wants as long he can afford to pay for them. Most men of the tribe will marry two or three women. During ceremonials, the Karo paint their bodies and faces with white chalk. Usually the chalk is mixed with yellow rock, red iron ore and charcoal to produce a colorful display. Body painting is of great significance to the Karo and different colors and patterns can symbolize hunting skills, bravery or even victory over an enemy. Women and men practise scarification to obtain scars, a traditional sign of beauty.

Kikuyu

Die Kikuyu sind eine große bantusprachige Ethnie und die größte Bevölkerungsgruppe Kenias (ca. 20% der Gesamtbevölkerung), wodurch sie großen Einfluss auf Politik und Wirtschaft des Landes haben, u.a. war der erste 1964 eingesetzte kenianische Staatspräsident, Jomo Kenyatta, ein Kikuyu. Zum Großteil sind sie im Hochland Kenias angesiedelt, wo sie vom Ackerbau (Hirse, Erbsen, Bohnen, Sorghum und Süßkartoffeln) leben, zum Verkauf bauen sie auch Kaffee, Mais, Früchte und Gemüse an. Nach dem Unabhängigkeitskrieg, dem sogenannten „Mau-Mau-Krieg", durch den sich Kenia in den 1950er Jahren von der kolonialen Herrschaft Großbritanniens befreite und der hauptsächlich von Kikuyu getragen wurde, wurde von der kenianischen Elite der ehemalige Großgrundbesitz übernommen – vielen Stämme der Kikuyu, die unter der Landenteignung durch weiße Siedler gelitten hatten, wurden schwach besiedelten Gegenden zugeteilt, weshalb sie heute nicht mehr in ihren traditionellen Gebieten leben. Mit den Maasai besteht eine enge Beziehung, beide Ethnien betreiben Handel und heiraten auch untereinander.

The Kikuyu are a large Bantu ethnic group and the largest population group of Kenya (about 20% of the total population), so they have great influence on the politics and economy of the country. The first Kenyan President, Jomo Kenyatta, elected in 1964, was a Kikuyu. For the most part the Kikuyu are located in the Highlands of Kenya, where they live by agriculture (millet, peas, beans, sorghum and sweet potatoes), and grow coffee, maize, fruits and vegetables to sell. After the so-called "Mau Mau war" of independence in the 1950s, which was borne mostly by the Kikuyu, Kenya freed itself from Britain's colonial rule, and the large landholdings of Kenya's elite were seized. Land in sparsely populated areas were allocated to many of the Kikuyu tribes who had suffered the expropriation of land by white settlers, which is why they no longer live in their traditional areas. There is a close relationship with the Maasai. The two ethnic groups trade with one another and also intermarry.

Konso

Die Ethnie der Konso lebt in Südäthiopien in dicht bebauten Dörfern, die von hohen charakteristischen Steinwällen umgeben sind, die vor Feinden oder wilden Tieren schützen sollen. Die enge Bauweise der Dörfer wird durch zahlreiche Bäume durchdrungen. Die Konso pflegen eine polygame Lebensform, charakteristisch ist auch ihr Totenkult: Der Verstorbenen wird durch Holzfiguren gedacht, in denen – so ihr Glaube – ihre Ahnen weiterleben. Bekannt sind sie für ihre handwerklichen Fähigkeiten, sie betreiben regen Handel mit den in ihrer Umgebung lebenden Nomaden. Unter den Waren sind Stoffe, Leder, Tongefäße und verarbeitete Metalle. Ihre Herstellung ist nach den Geschlechtern getrennt, denn Männer weben Stoffe und bearbeiten Metalle, Frauen gerben Leder und stellen Tongefäße her. Ackerbau betreiben die Konso auf terrassenartig angelegten Feldern, da das gleichnamige Hochland von Konso fast ausschließlich aus steilen Hängen besteht, wodurch Erosion vorgebeugt werden kann. Das Handwerk und der Ackerbau sind stark traditionell orientiert und verändern sich daher kaum. Seit Jahrhunderten schaffen es die Konso, den kargen Böden Gemüse, Getreide, Kaffee, Baumwolle und Tabak abzugewinnen.

The Konso people live in Southern Ethiopia in densely populated villages surrounded by characteristic high store walls built to protect them from enemies or wild animals. Numerous trees penetrate the narrowly designed villages. The Konso maintain a polygamous lifestyle, and their death cult is also characteristic: The deceased are commemorated with wooden figures, in which they believe their forefathers live on. They are known for their craftsmanship and carry on a lively trade with the nomads living in their environment. Traded goods include fabrics, leather, pottery and processed metals. Their production is divided between the men and women. The men weave fabrics and process metals. Women tan leather and make pottery. The Konso farm the terraced fields, since the highland that bears their name consists almost exclusively of steep slopes, which can prevent erosion. The trade and agriculture are very traditionally-oriented and therefore hardly ever change. For centuries, the Konso have managed to harvest vegetables, grains, coffee, cotton and tobacco from the barren land.

Mursi

Die Mursi sind wahrscheinlich der berühmteste Stamm des Omo-Tals, was hauptsächlich an den einzigartigen Lippentellern der Frauen liegt. Obwohl sie auf Fotografien häufig mit ihnen zu sehen sind, werden diese schweren und unbequemen Teller nur zu besonderen Anlässen getragen. Ursprung und Bedeutung der Lippenteller sind bis heute umstritten und nicht eindeutig definiert. Sie dienen nicht nur der Verzierung, sondern symbolisieren u.a. die Heiratsfähigkeit einer Frau, wobei die Größe des Tellers den Wert einer Braut bestimmt. Sowohl Männer als auch Frauen verwenden oft kleinere Teller für die Ohrläppchen. Die zwei jährlichen Regenzeiten (zwischen März und April sowie zwischen Oktober und November) in der Region bestimmen den Lebensrhythmus der Mursi. Ihr Lebensraum liegt während der Trockenzeit am Ufer des Flusses, wo sie vom Landbau leben und hauptsächlich Sorghum anbauen. Während der Regenzeit beziehen sie aufgrund des erhöhten Flusspegels östlich des Omo Weidelandschaften, wo sie von der Rinderzucht leben. Der Stockkampf, eine Art ritualisierte männliche Gewalt, ist Teil der Initiationsriten, die ein junger Mursi auf dem Weg zum erwachsenen Mann bestehen muss. Jeder Teilnehmer kämpft mit dem „donga", einem langen Stock, gegen einen Gegner. Die Kämpfe sind oft sehr gewalttätig und intensiv, nicht selten ziehen sich die Wettkämpfer ernsthafte Verletzungen zu. Als Sieger hervorzugehen spielt eine wichtige Rolle, da dieser sich aus der Gruppe der Frauen eine Ehefrau auswählen darf. Die Stockkämpfe wurden inzwischen von der äthiopischen Regierung verboten und finden deshalb offiziell nicht mehr statt.

The Mursi people are probably the most famous tribe in the Omo Valley, mostly because of their unique lip plates worn by the women. Though often portrayed with plates in photographs, these heavy and uncomfortable lip plates are only worn on special occasions. The origin and meaning of the lip plates are disputed today and not clearly defined. They serve not only as an ornament but symbolize a woman's marriageability, while the size of the plate determines the value of a bride. Both men and women often use smaller plates for the earlobe. The two annual rainy seasons (between March and April and between October and November) in the region determine the rhythm of life for the Mursi. During the dry season they live on the banks of the river, where they live on agriculture, cultivating mainly sorghum. During the rainy season, the water level of the river rises and they migrate to the grazing land east of the Omo, where they live on cattle farming. Stick fighting is part of the rite de passage for young Mursi men, a kind of ritualized male violence. Each man fights an opponent with the "donga", a traditional stick. The fights are often forceful and intense. It is not uncommon for contestants to be seriously wounded during these stick fights. The prize plays an important part here, as the winner is allowed to choose his wife from the group of women. Stick fighting is prohibited by law by the Ethiopian Government and thus not officially performed by any tribes.

Orma

Das Volk der Orma ist Mitte des 19. Jahrhunderts aus den südlichen Ausläufern des Äthiopischen Hochlandes nach Kenia ausgewandert. Ein Großteil der Orma lebt in der Küstenprovinz des Tana River District, besonders im Delta des Tana-Flusses. Ursprünglich waren die Orma Nomaden, verloren jedoch durch mehrere schwere Dürren in den 70er und 80er Jahren einen Großteil ihres Viehbestandes, was zur Folge hatte, dass einige Stämme Halbnomaden oder sesshafte Ackerbauern wurden. Gefahr geht für die Orma von immer wieder auftretenden Konflikten mit somalischen Shiftas aus, ebenso müssen sie in den vergangenen Jahren Verluste Ihres Landes durch Monokulturen, Bewässerungsprojekte oder kommerzielle Ranches erleiden und verlieren zunehmend ihre Lebensgrundlage.

In the mid-19th century, the Orma immigrated to Kenya from the southern foothills of the Ethiopian highlands. A large part of the Orma lives in the coastal province of the Tana River District, especially in the Tana River Delta. Originally, the Orma were nomads, but lost most of their livestock during the severe droughts of the 1970s and 1980s, and some tribes became semi-nomadic or sedentary farmers. Recurring conflicts with Somali shiftas have put the Ormas at risk, and they have seen their lands and their livelihood reduced in recent years due to monoculture, irrigation projects or commercial ranches.

Pokot

Die Pokot leben im West Pokot County und Baringo County in Westkenia, teilweise auch in Ostuganda. Sie lassen sich grob in zwei Gruppen aufteilen: Eine, die im regenreichen Hochland lebt und dort Ackerbau und Viehwirtschaft betreibt, eine zweite, die im Flachland angesiedelt ist und in der trockenen und unfruchtbaren Region Kühe, Ziegen und Schafe hält. Die Kunst der Sprache hat bei den Pokot einen sehr hohen Stellenwert, Sprichwörter werden mit Vielseitigkeit in Diskussionen, im Unterricht oder politischen Versammlungen eingesetzt. Die Männer der Pokot tragen typischen Haarschmuck, der als Symbol für ihren gesellschaftlichen Status und für ihre Verantwortung in der Gemeinde steht. Die Tradition der Pokot sieht für den Übergang vom Mädchen- in das erwachsene Frauenalter Beschneidung vor, die nach wie vor praktiziert wird, obwohl das Ritual in Kenia mittlerweile für Mädchen unter 16 Jahren unter Verbot gestellt wurde. Zwischen den Pokot und den Turkana besteht ein lange schwelender Konflikt, der sich oft in Viehdiebstahl und offenen bewaffneten Auseinandersetzungen äußert. Perioden des Krieges und des Friedens lösen sich permanent ab.

The Pokot live in West Pokot County and Baringo County in Western Kenya, and partly in Eastern Uganda. They can be roughly divided into two groups: one living in the rainy highlands and subsisting on agriculture and animal husbandry, and a second living in the plains and keeping cows, goats and sheep in the dry and barren region. The art of language is highly valued by the Pokot. Proverbs are used with versatility in discussions, lessons or political assemblies. The Pokot men wear typical hair jewellery as a symbol of their social status and their responsibilities in the community. They continuously alternate between periods of war and peace.

Samburu

Die Samburu zählen zu den nilotischen (die nilotische Sprache sprechenden) Völkern und sind seit dem 16. Jahrhundert hauptsächlich im Laikipia County in Zentralkenia und im Norden des Landes ansässig. Sie haben ein sehr großes Stammesgebiet, auf dem das 165 Quadratkilometer große Nationalreservat „Samburu National Reserve" liegt. Als Halbnomaden leben sie meist von der Rinderzucht, wodurch sie in den letzten Jahren immer häufiger in Konflikt mit der Landesregierung geraten, die sie zu einer sesshaften Lebensform zwingen möchte und zunehmend ihre Länder enteignet. Durch die Verkleinerung ihrer Stammesgebiete haben sie sich teilweise auf den Anbau von Getreide und Gemüse spezialisiert, jedoch erschwert der Klimawandel durch Dürreperioden Viehhaltung und Landwirtschaft, von der sie abhängig sind. Die Samburus haben eine strenge soziale Hierarchie, in der die ältesten Männer an der Spitze stehen. Einer jeden Altersstufe sind spezifische Aufgaben zugeordnet. Typisch für die Bekleidung der Männer sind in rot gehaltene Umhänge, Frauen tragen oft zahlreiche schwere Ketten um den Hals.

The Samburu are a Nilotic people (speaking the Nilotic language) who have been living mainly in Laikipia County in Central Kenya, and in the North since the 16th century. Their tribal homeland is very large and includes the 165-square-kilometre Samburu National Reserve. A semi-nomadic people, they depend mainly on cattle-raising for their livelihood, which has increasingly led to conflicts with the government in recent years. The government is trying to force them to adopt a sedentary way of life, and they are increasingly dispossessed of their lands. With the reduction of their tribal areas, they have specialised partly on the cultivation of cereals and vegetables, but the droughts brought by climate change have hampered the cattle-breeding and farming on which they depend. The Samburus have a strict social hierarchy in which the eldest men are at the top. There are specific tasks assigned to each age level. Men typically wear red decorated wraps. Women often wear numerous heavy chains around the neck.

Turkana

Im Norden Kenias, westlich des Turkana-Sees, lebt die gleichnamige Ethnie der Turkana. Sie sind traditionell Nomaden und halten Kamele, Rinder, Schafe und Ziegen, die ihnen als Nahrungsquelle dienen, da die Region sehr hohe Temperaturen und sehr trockne Böden aufweist. Allerdings werden manche Stämme gezwungenermaßen zu sesshaften Ackerbauern, da sie Vieh verloren haben. Männer werden vom Kind zum Krieger durch eine Zeremonie, die ein Tieropfer beinhaltet: Das Übergangsritual sieht vor, dass ein Tier mit einem einzigen Speerwurf erlegt werden muss, anschließend wird der angehende Krieger mit dem Kot des erlegten Tieres eingeschmiert. Die Perlenhalsbänder der Frauen reflektieren ihren sozialen Status und sind Voraussetzung für ihre Anerkennung als vollwertiges Mitglied der Gemeinschaft. Frauen legen diese nur in Trauerzeiten oder bei Krankheit ab. Auch reiben sich Frauen mit einer Mischung aus Ocker und Butter ein, um die Haut zu schützen. Männer tragen Straußenfedern als Zeichen des vollen Mannesalters, wodurch diese einen sehr hohen Wert haben und auch als Tauschobjekte dienen.

The Turkana people live in Northern Kenya, West of Lake Turkana. They are traditionally nomads and keep camels, cattle, sheep and goats, which serve as a food source, because the region has very high temperatures and very dry soil. However, some tribes have been forced to become sedentary farmers, because they have lost cattle. Male children grow up to become warriors in a ceremony that includes animal sacrifice: The transitional rite requires an animal to be slain with a single spear throw, after which the aspiring warriors are smeared with the excrement of the slain animal. The pearl neckbands of the women reflect their social status and are a prerequisite for recognition as a full-fledged member of the community. They only take these off in times of sorrow or sickness. Women also rub a mixture of ochre and butter on their necks to protect the skin. Men wear ostrich feathers as a sign of full manhood, for which these obtain a very high value and serve as objects of bartering.

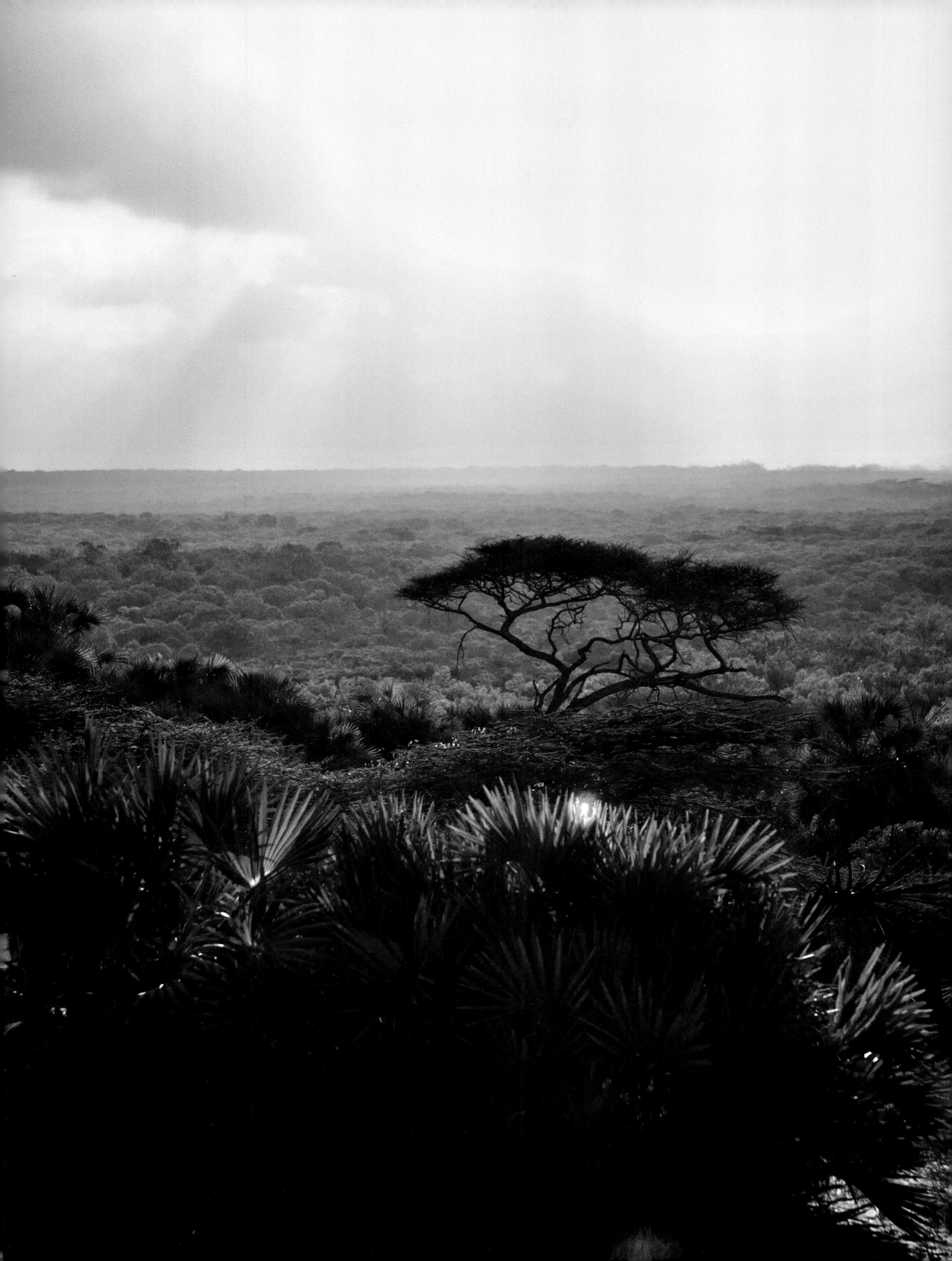

Dank

Am Anfang steht ein Gedanke und nur durch die Hilfe und Mitarbeit von vielen besonderen Menschen wird etwas Schönes erschaffen. Für dieses Privileg und die Möglichkeit, mich über das vorliegende Werk durch meine Fotografien mitzuteilen, möchte ich mich an dieser Stelle bei all den besonderen Menschen bedanken, die mich unterstützt haben.

Bernhard und Sebastian Wipfler, die als Verleger dieses Werk erst möglich gemacht haben. Kuki Gallmann für die einführenden Worte und dass sie ihr Leben dem Schutz und dem Erhalt eines einzigartigen Naturparadieses widmet, ebenso für die herzliche Gastfreundschaft in ihrem Paradies Ol Ari Nyiro. Christophe Klimmer für die Zusammenarbeit und die Geduld, die er aufbrachte, um mit mir das Bildmaterial zu sichten und zusammenzustellen. Gabi Graze und Horst Hamann, die den Anstoß für dieses Buch gegeben haben. Verity Williams von der Sabuk Lodge und ihrem Team, denen ich viele gute Bilder verdanke. Carol Korschen, Peponi Hotel, Lamu. Sie brachte mich zu den Orma und machte es irgendwie möglich, dass sie neue Speicherkarten für meine Kamera innerhalb weniger Stunden aus Nairobi nach Lamu einfliegen ließ. Malik für die wunderbare Freundschaft, Gastfreundschaft und die abenteuerliche Bootstour nach Pate Island. Claus Mortensen für das wunderbare Geschenk vor vielen Jahren, als er das erste Dinner mit Kuki Gallmann auf Ol Ari Nyiro arrangierte. Yonas Mamo, der in Äthiopien alles für mich organisierte. Dank all den Menschen, die sich vor die Kamera getraut haben. Und ganz besonders danke ich Bernd für unser wundervolles gemeinsames Leben.

Thank You

An initial idea can only be transformed into something beautiful with the help and collaboration of many special people. For the privilege and the opportunity to convey this work through my photographs, I would like to express my gratitude to all of the special people who have supported me.

To Bernhard and Sebastian Wipfler, the publishers who made this work possible. To Kuki Gallmann for her introduction and for her lifelong commitment to the protection and preservation of a unique natural paradise, and for her warm hospitality in her paradise at Ol Ari Nyiro. To Christophe Klimmer for his collaboration and patience in sifting through and assembling the photographic material with me. To Gabi Graze and Horst Hamann, who provided the impetus for this book. To Verity Williams of Sabuk Lodge and her team, to whom I am grateful for many good pictures. To Carol Korschen of the Peponi Hotel, Lamu. She took me to the Orma and somehow made it possible for a new memory card for my camera to be flown in from Nairobi to Lamu within a few hours. To Malik for the wonderful friendship, hospitality and the adventurous boat trip to Pate Island. To Claus Mortensen for the wonderful gift many years ago when he arranged the first dinner with Kuki Gallmann at Ol Ari Nyiro. To Yonas Mamo, who organised everything for me in Ethiopia. Thank you to all of the people who allowed me to photograph them. And a very special thank you to Bernd for our wonderful life together.

Timo Heiny wurde 1971 in Neustadt/Weinstraße geboren. Mit 17 Jahren reiste er das erste Mal durch Afrika, zahlreiche Reisen u.a. nach Papua Neuguinea, Asien und Indonesien folgten. *Mein Afrika* ist seine persönliche Hommage an das Land und seine gefährdeten Kulturen. **Kuki Gallmann** wurde 1943 in Treviso, Italien geboren. 1973 wanderte sie mit ihrem Mann und ihrem Sohn nach Kenia aus und erhielt die kenianische Staatsbürgerschaft. Sie ist Besitzerin einer Farm im Great Rift Valley und Gründerin der Gallmann Memorial Foundation. Sie schrieb mehrere Bücher, ihr bekanntestes, *Ich träumte von Afrika,* wurde in 21 Sprachen übersetzt und verfilmt.

Timo Heiny was born in Neustadt/Weinstraße in 1971. He journeyed through Africa for the first time at age 17, and subsequently made numerous trips to Papua New Guinea, Asia and Indonesia, among other places. My Africa is his personal tribute to the continent and its endangered cultures. **Kuki Gallmann** was born in Treviso, Italy in 1943. In 1973, she moved with her husband and son to Kenya and obtained Kenyan citizenship. She owns a farm in the Great Rift Valley and is the founder of the Gallmann Memorial Foundation. She has written several books, most notably I Dreamed of Africa, which was published in 21 languages and became a feature film.

THE GALLMANN MEMORIAL FOUNDATION
THE GALLMANN AFRICA CONSERVANCY

© 2015 Edition Panorama GmbH
Alle Rechte vorbehalten | in Deutschland gedruckt und gebunden
© Alle Fotografien: Timo Heiny & Edition Panorama
© Texte: Kuki Gallmann, Timo Heiny & Edition Panorama

ISBN 978-3-89823-513-6

Design: Marcus Bela Schmitt & Edition Panorama
Litho: publish print R&R GmbH, Dudenhofen
Lektorat: Christophe Klimmer
Übersetzung: Global-Text, Heidelberg, Timothy Gilfoil
Druck: Passavia Druckservice GmbH & Co. KG, Passau
Bindung: Conzella Verlagsbuchbinderei GmbH & Co. KG, Pfarrkirchen

EDITION PANORAMA GmbH
G 7, 14
D-68159 Mannheim

Kein Teil dieses Werkes darf in irgendeiner Form ohne schriftliche Genehmigung des Verlages reproduziert oder unter Verwendung elektronischer oder mechanischer Systeme verarbeitet, vervielfältigt oder verbreitet werden.

No part of this book may be reproduced in any form or by any electronic or mechanical means without prior written permission from the publisher.

www.editonpanorama.com

A production by EDITION**PANORAMA**